La dieta *espiritual*

FRANCESC MIRALLES

La dieta *espiritual*

Un programa revolucionario para eliminar todo lo que sobrecarga tu vida

Grijalbo

Primera edición: enero, 2013

© 2013, Francesc Miralles
www.francescmiralles.com
© 2013, Random House Mondadori, S.A.
Travessera de Gràcia, 47-49. 08021 Barcelona

Printed in Spain – Impreso en España

ISBN: 978-84-253-4907-2
Depósito legal: B-28.713-2012

Compuesto en Anglofort, S.A.

Impreso en Limpergraf
Pol. Ind. Can Salvatella
c/ Mogoda, 29-31
08210 Barberà del Vallès

GR 4 9 0 7 2

Dedicado a Marta, mi madre,
que me enseñó la cocina de la vida

Índice

Origen de la dieta espiritual

Este libro fue inspirado, sin pretenderlo, por un buen amigo y ávido lector de los libros que se citan a lo largo de este ensayo práctico.

Todo sucedió una mañana que había quedado con el periodista Albert Calls, personaje de referencia en el Maresme, una comarca marítima al norte de Barcelona.

Hacía tiempo que no nos veíamos y le encontré mucho más delgado de lo habitual. No es que haya sido nunca un hombre excesivamente grueso, pero sí tendía a tener un poco de sobrepeso y yo sabía que había probado muchas dietas distintas para tratar de ponerse en forma.

Mientras me explicaba los distintos programas y métodos que había seguido para perder peso, cada cual con sus pros y contras, una idea provocadora se abrió paso en mi cabeza: **los kilos de más no son el principal causante de la infelicidad humana; hay otras cargas mucho más tóxicas** de las que deberíamos deshacernos para caminar ligeros y dar a nuestra vida la silueta que merece.

Del mismo modo que el escultor Miguel Ángel afirmaba que la belleza se halla dentro del bloque de mármol y sólo hay que quitar lo que sobra para que emerja la escultura, la felicidad —o como mínimo la no-infelicidad— es el estado natural de toda persona. Lo vemos en los niños y en todos aquellos seres que poseen el don de la simplicidad.

Sólo hay que eliminar todo lo que sobra, aquellas actitudes que dificultan nuestra existencia, para llegar a la armonía que ha quedado ahogada bajo todas esas capas inútiles y disfuncionales.

He bautizado este método como «la dieta espiritual», porque semana a semana nos propondremos adelgazar en todo aquello que no sólo no nos alimenta, sino que además supone un lastre para nuestra vida diaria.

Organizado en 24 hábitos negativos que merecen la pena ser depurados, propongo al lector que dedique una semana a reflexionar sobre cada problema. Encabezados por un ejemplo sencillo y un ejercicio final, cada paso de la dieta espiritual está documentado con los mejores autores que han indagado sobre cada una de las problemáticas.

Con este equipo de dietistas de lo esencial, seguro que el programa será de utilidad al lector. Si dedica un tiempo cada día a ahondar en el tema de la semana, identificando en su vida cotidiana los errores a los que apunta nuestro equipo de expertos, logrará eliminar de su metabolismo psicológico y espiritual todo aquello que le hace infeliz y supone un impedimento para realizarse como ser humano.

FRANCESC MIRALLES

1

Pre-ocuparse

Andrés lleva tiempo preocupado ante la posibilidad de perder su puesto de trabajo. Ha habido muchos despidos últimamente en la empresa y sospecha que es el próximo en la lista. Antes de que eso suceda, ha empezado a sondear a sus jefes buscando información sobre su situación. Ésta le produce tal ansiedad que le cuesta dormir. Llega a la oficina cansado y de mal humor, con lo que la relación con sus compañeros tampoco es la idónea.

Andrés está tan preocupado que ha dejado de ocuparse eficazmente de sus tareas. No para de construir mentalmente profecías en las que es despedido.

Al final, a fuerza de alimentar la preocupación y de desatender sus tareas, ve cumplidos sus temores.

Contra la preocupación, concentración

Pre-ocuparse es una manera excelente de no ocuparse de las cosas, ya que mientras damos vueltas a lo que podríamos hacer, a lo que los demás no han hecho o a lo que podría pasar, todos nuestros asuntos permanecen en un estado de parálisis que nos impide tomar decisiones y ponernos en marcha.

Sobre esto, el psicólogo Thomas Borkovec asegura que «aunque a veces la preocupación puede ser positiva, en muchas ocasiones se cae en un pensamiento crónico alrededor de dicha preocupación. En general, la gente se preocupa por cosas que tienen poca probabilidad de ocurrir».

El mismo profesor Borkovec ha centrado buena parte de su carrera en el estudio de los estragos que provoca el exceso de preocupación y la ansiedad. En sus investigaciones, Borkovec localizó **tres grandes fuentes de preocupación:**

1. Los pensamientos recurrentes
2. La evitación de los resultados negativos
3. La inhibición de las emociones

Como argumenta en una entrevista concedida a la *Revista Argentina de Clínica Psicológica*, Borkovec y su equipo empezaron a estudiar la preocupación mientras indagaban sobre posibles tratamientos para el insomnio.

Tras probar la eficacia de la relajación en la terapia contra el insomnio, llegaron a la conclusión de que se trataba de una buena técnica, pero no porque consiguiera relajar la parte somática que producía la ansiedad, sino porque reducía las ideas intrusivas que desata un exceso de preocupación.

Comprendieron así que lo que mantenía a las personas despiertas no era la excitación, sino el circuito de los pensamientos. Por consiguiente, si lograban desviar su atención al relajarse, los pacientes conseguían detener la preocupación.

También la doctora en psicología Lizabeth Roemer —colaboradora de Borkovec— coincide en la importancia de **desviar la atención para luchar contra la ansiedad y el exceso de preocupación.**

EL EXPERIMENTO DEL OSO BLANCO

En 1987, Daniel Wegner, un psicólogo de la Universidad de Harvard, y su equipo realizaron un estudio sobre la capacidad de la mente para suprimir pensamientos no deseados.

En el experimento, se pidió a los voluntarios que no pensaran en un oso blanco. Los participantes estaban solos en una habitación con un micrófono y una campanilla y debían hablar sobre cualquier tema. Cada cierto tiempo, alguien interrumpía su monólogo para pedirles que no pensaran en un oso blanco.

Antes de entrar en la sala, se había ordenado a los participantes que cada vez que pensaran en un oso blanco tocaran la campanilla. De promedio, cada voluntario hizo sonar seis veces la campanilla en los cinco minutos posteriores a la orden.

Según concluyó Wegner, «el principal problema de la orden de "no pensar" es que debido a un mecanismo consciente de evitación, la idea continúa en nuestra mente y así nos mantenemos rumiando las mismas preocupaciones».

Wayne W. Dyer, autor de *Tus zonas erróneas*, analiza así este problema tan generalizado: «La preocupación es endémica en nuestra cultura. Casi todo el mundo pierde una increíble cantidad de momentos presentes preocupándose por el futuro. Y todo ello no sirve para nada. **Ni un solo momento de preocupación logrará mejorar las cosas.** Peor aún, es muy posible que la preocupación anule tu eficacia en el presente».

La dieta de la preocupación, sin embargo, no debemos llevarla a cabo sólo en el trabajo o en el ámbito de la salud, fuente de ansiedad continua que puede llevar a una situación de hipocondría crónica. También en el ámbito sentimental es una constante que puede llevarnos a pensamientos erróneos como estos que menciona Wayne Dyer: «Si quieres a alguien, es el mensaje, debes preocuparte por él. Oirás frases como "Por supuesto que estoy preocupado por ella; es natural cuando quieres a alguien" o "No puedo dejar de preocuparme porque te quiero". Así pruebas tu amor preocupándote suficientemente en el momento apropiado».

Sin embargo, demostrar amor por una persona no tiene nada que ver con este sentimiento de pánico que promueve la preocupación.

Cómo detener la preocupación

Cuando instalamos en nuestro circuito mental una secuencia de ideas recurrentes y estereotipadas sólo conseguimos que, en vez de ayudar a resolver los problemas, nos anclemos más a ellos.

El estudio realizado por Borkovec, además de demostrar la importancia de distraer la atención de las ideas intrusivas que desatan la preocupación, le permitió diseñar un método que puede ayudar a controlar la ansiedad:

- Primer paso: tomar conciencia de uno mismo y de lo que nos preocupa.
- Segundo paso: adoptar una postura crítica ante las creencias que sustentan la preocupación. Antes de seguir pre-ocupándonos, merece la pena que nos preguntemos:

> —¿Estamos seguros de que se va a producir este episodio que tanto tememos?
>
> —Si no tenemos la certeza de que eso vaya a ocurrir, ¿de qué sirve darle vueltas?

Esta combinación de **atención** y **escepticismo** es muy útil para frenar la activación neurológica que provoca la ansiedad.

RICHARD CARLSON Y SUS CONSEJOS PARA NO AHOGARSE EN UN VASO DE AGUA

Uno de los profesionales de la salud psicológica que más ha escrito sobre cómo evitar las preocupaciones fue Richard Carlson, autor del libro *No te ahogues en un vaso de agua*.

En sus propias palabras, «el efecto enfermizo de los pensamientos aparece cuando nos olvidamos de que los pensamientos son una función de nuestra conciencia».

Un artículo de este autor titulado «Happiness as a Priority» resume de forma concisa el secreto para una vida feliz: «El secreto para una vida feliz es **comprender que los pensamientos son sólo pensamientos**. Las cosas verdaderas ocurren siempre, pero cuando ya han ocurrido o cuando no han ocurrido todavía, son sólo eso: pensamientos».

En otro de sus ensayos divulgativos, *You can be happy no matter what*, encontramos una reflexión reveladora sobre el estrés y las preocupaciones: «El estrés no es algo que nos pase a nosotros sino algo que desarrollamos desde nuestro interior, a través de nuestra propia manera de pensar. De dentro a fuera, uno decide qué es y qué no es estresante».

Por eso, cada vez que concebimos el estrés como algo externo, estamos validando su experiencia y nos empeñamos en buscar maneras de luchar contra él sin darnos cuenta de que **esa situación es estresante porque la hemos clasificado nosotros como tal**.

En su best seller *No te ahogues en un vaso de agua*, Richard Carlson expone algunos consejos para evitar que las pequeñas cosas, como reza el título, nos dejen sin aliento.

El manual está divivido en cien capítulos breves en los que el autor propone **estrategias para controlar las emociones negativas** que nos llevan a preocuparnos por todo, y así saborear la vida.

Algunos de estos consejos prácticos son:

- No sufras por pequeñeces
- Vive el momento presente
- Haz las paces con la imperfección
- Realiza una cosa detrás de la otra
- Toma conciencia del efecto de bola de nieve de tus pensamientos
- Plantéate la pregunta: ¿Tendrá esto importancia dentro de un año?
- Repite para ti mismo «la vida no es una emergencia»

- Toma conciencia de tus estados anímicos y no te dejes llevar por los momentos malos
- Relaja tu mente
- Aprende a vivir con la incertidumbre sobre el mañana
- Cambia la actitud que tienes hacia tus problemas
- Toma conciencia del poder de tus propios pensamientos
- Pregúntate siempre: ¿Qué es realmente importante?

CONSEJOS DE DALE CARNEGIE

Entre los autores que han tratado cómo lidiar con las preocupaciones encontramos al famoso empresario y conferenciante estadounidense Dale Carnegie, que escribió *Cómo ganar amigos e influir sobre las personas* o *Cómo hablar bien en público*, obra que obtuvo mucho éxito gracias a sus cursos para desarrollar habilidades interpersonales.

Uno de los pilares de su ideario es la **asunción de la propia responsabilidad**, es decir, que cada uno es responsable de lo que le ocurra en la vida.

En su libro *Cómo suprimir las preocupaciones y disfrutar de la vida*, Dale Carnegie da unas pautas para dejar de lado las preocupaciones y vivir de una forma más sana y plena. En una síntesis de la primera parte de esta obra, Carnegie ofrece tres reglas fundamentales que han de servirnos para controlar la preocupación:

- Regla 1: Vive solamente el día de hoy. No vivas en el ayer ni en el mañana. Concéntrate en el hoy.

- Regla 2: Haz frente a los problemas.
  a) Pregúntate: ¿Qué es lo peor que puede suceder?
  b) Prepárate para aceptar lo peor
  c) Trata de mejorar la situación partiendo de lo peor
- Regla 3: Recuerda el precio exorbitante que puedes pagar con tu vida y tu salud, por las preocupaciones.

Y, para acabar esta sección, una brillante reflexión del gran Duke Ellington: **«Hay dos tipos de preocupaciones: las que puedes hacer algo al respecto y las que no. No hay que perder tiempo con las segundas».**

La profecía de autocumplimiento

El capítulo dedicado a la primera semana de nuestro programa es mucho más extenso que el resto debido a los males asociados a la preocupación. Uno de ellos es **el hábito de predecir en negativo lo que va a ocurrir, con lo cual ayudamos a que suceda lo peor**.

La introducción del término «profecía autocumplida» o «autorrealizada» (*self-fulfilling prophecy*) se atribuye al sociólogo Robert K. Merton, profesor de la Universidad de Columbia, fallecido en el año 2003.

Se dice que la profecía autocumplida de Merton se basa en el teorema formulado por William I. Thomas en su libro *The child in America: Behavior problems and programs*. El teorema expone lo siguiente: «Si las personas definen las situaciones como reales, éstas son reales en sus consecuencias».

Un caso especial de la profecía autocumplida es lo que se

conoce como efecto Pigmalión. Esta teoría, demostrada con numerosos experimentos en el terreno laboral y escolar, permite comprender cómo influye nuestra manera de ver y tratar a las personas en su comportamiento final. En palabras de Álex Rovira, «es el proceso mediante el cual **las creencias y expectativas de una persona respecto a otro individuo afectan de tal manera a su conducta que el segundo tiende a confirmarlas**».

El efecto Pigmalión

Este concepto surgió en la década de 1960 gracias a Robert Rosenthal, psicólogo de la Universidad de Harvard, y a Lenore Jacobson, a raíz de un estudio que se conoció como «el efecto Pigmalión en el aula». Dicho experimento se llevó a cabo en un colegio donde se realizó una evaluación para medir el coeficiente intelectual del alumnado.

Cuando se concluyó la evaluación, los investigadores decidieron seleccionar al azar a un 20 % de los alumnos que habían realizado dicha prueba sin tener en cuenta los resultados reales del test e informar a los profesores (aunque no era cierto) de que ese 20 % correspondía a quienes habían logrado entrar en la categoría de nivel superior y que, por lo tanto, de ellos se debía esperar un rendimiento escolar muy alto.

Al final de curso, se comprobó que esos alumnos seleccionados mostraban una mejora en su rendimiento escolar en comparación al resto de alumnos que, supuestamente, no pertenecían al nivel superior. Estos resultados permitieron a Rosenthal y a Jacobson llegar a la conclusión de que **las ex-**

pectativas que los propios profesores se habían hecho con respecto a sus alumnos «más capacitados» habían provocado en ellos un interés que les había llevado a realizar un esfuerzo para progresar en su rendimiento. De esa manera pudieron comprobar la relevancia de las expectativas propias y ajenas en nuestro comportamiento.

El efecto Pigmalión, por lo tanto, opera siguiendo tres aspectos fundamentales:

- Creer firmemente en un hecho como verdad incuestionable
- Tener la expectativa de que se va a cumplir lo esperado
- Acompañar con mensajes que animen a que efectivamente se cumpla lo que esperan

Las investigaciones que realizaron Rosenthal y Jacobson y que expusieron en su libro *Pygmalion in the Classroom: Teacher Expectation and Pupils Intellectual Development* evidenciaron el poder de los mensajes que se le transmiten a los estudiantes.

Cuando un docente transmite mensajes negativos, el alumno tiende a acomodarse a las expectativas del profesor. Del mismo modo sucede si es lo contrario.

EL PODER DE LAS EXPECTATIVAS

En su obra *Terapia cognitiva: fundamentos teóricos y conceptualización del caso clínico*, el psicólogo Walter Riso define la profecía autorrealizada como «la tendencia a través de la cual las expectativas (profecías) que producimos (usualmente frente a otras personas) nos llevan a actuar de tal forma que nuestras profecías se cumplen. Por lo general, quienes utilizan profecías autorrealizadas suelen comportarse de manera no consciente».

En su libro expone estudios en los que se ha demostrado que los efectos de la autoprofecía afectan al comportamiento de las personas de manera significativa. «Todo parece indicar que cuando las personas hacen profecías positivas o negativas sobre su comportamiento tendrán más probabilidades de ejecutar conductas congruentes con sus predicciones. **El poder de las expectativas es, sin lugar a duda, muy poderoso.**»

Cómo combatir o convertir en positiva la profecía autocumplida

En su libro *La Resiliencia. Construir en la adversidad*, el autor Al Siebert expuso cómo puede entenderse de manera positiva la profecía autorealizada. Según él:

> Tanto el optimismo como el pesimismo tienden a ser profecías autoexplicativas. Si esperas un resultado satisfactorio, tu cerebro resalta los pequeños acontecimientos y las oportunidades que pueden conducirte a lograr el resultado. Si esperas un desenlace adverso, tu cerebro te hará pensar, sentir y actuar de modo que llegue al desenlace esperado.
>
> [...] Las personas que se creen afortunadas perciben y actúan frente a las oportunidades afortunadas, mientras que las personas que creen que son desafortunadas, lo perciben

y se permiten sentirse derrotadas por los acontecimientos desgraciados.

En el pasado, los seres humanos no comprendían que sus creencias optimistas o pesimistas crearan una profecía «autocumplida». Ahora sabemos que **los seres humanos tienden a interactuar con el mundo de una manera que confirma sus creencias, prejuicios y predicciones**. Las personas con actitudes positivas actúan para alcanzar los buenos resultados que esperan. Dan explicaciones positivas para los contratiempos y para mantener sus esfuerzos. Las personas con actitudes negativas aceptan los reveses como prueba de lo que esperaban y como excusa para no trabajar para hacer que las cosas salgan bien.

Un motivo más para dejar de preocuparnos por lo que puede salir mal y centrarnos en aquello que va a salir bien.

Herramientas para apuntalar la infelicidad

En su libro *El arte de amargarse la vida*, Paul Watzlawick dedica un capítulo a cómo las profecías autocumplidas pueden ser una manera de hacernos infelices:

> En el periódico de hoy, tu horóscopo te advierte (y también aproximadamente a 300 millones más que nacieron bajo el mismo signo del zodíaco) que puedes tener un accidente. En efecto, te pasa algo. Por tanto, será verdad que la astrología tiene gato encerrado.
>
> O ¿cómo lo ves?, ¿estás seguro de que también te habría ocurrido un accidente si no hubieses leído el horóscopo?, ¿si

estuvieses realmente convencido de que la astrología es un bulo craso? Naturalmente, esto no puede explicarse a posteriori.

[...] Si, por ejemplo, se impide a una minoría el acceso a ciertas fuentes de ingresos (pongamos, por caso, a la agricultura o a cualquier oficio manual), porque, en opinión de la mayoría, es gente holgazana, codiciosa o sobre todo «no integrada», entonces se les obliga a que se dediquen a ropavejeros, contrabandistas, prestamistas y otras ocupaciones parecidas, lo que, «naturalmente», confirma la opinión desdeñosa de la mayoría. Cuantas más señales de stop ponga la policía, más transgresores habrá del código de circulación, lo que «obliga» a poner más señales de stop. Cuanto más una nación se siente amenazada por la nación vecina, más aumentará su potencial bélico, y la nación vecina, a su vez, considerará urgente armarse más. Entonces el estallido de la guerra (que ya se espera) es sólo cuestión de tiempo. [...] Si un número suficiente de personas cree un pronóstico que dice que una mercancía determinada va a escasear o a aumentar de precio (tanto si «de hecho» es verdad como si no lo es), vendrán compras de acaparamiento, lo que hará que la mercancía escasee o aumente de precio.

La profecía de un suceso lleva al suceso de la profecía.

EJEMPLOS DE PROFECÍAS AUTOCUMPLIDAS EN LA LITERATURA Y EL CINE

Uno de los primeros ejemplos de cómo puede funcionar una profecía autocumplida es el caso de Edipo. Aunque en su caso no es él mismo quien realiza dicha profecía, el hecho que el oráculo le avise del terrible suceso que acontecerá con sus padres (quien vaticina que Edipo matará a su padre y se casará con su madre) hace que nuestro «héroe» inicie una serie de actos para evitar dicha profecía que lo conducen precisamente al punto en el que acabará cometiéndolos.

Algo parecido ocurre en la película *Minority Report*, donde el policía John Anderton (interpretado por Tom Cruise) ve una profecía de los Precogs en la que se contempla a él mismo asesinando a un hombre a quien no conoce. Para evitar ser capturado por los agentes de Pre-Crimen y comprender por qué aparece en esa profecía, Anderton inicia una investigación que lo llevará precisamente al lugar que aparecía en la visión de los Precogs. Lo interesante de la historia de Philip K. Dick que Spielberg llevó a la gran pantalla es que, en este caso, Anderton decide escoger no cumplir la profecía que él mismo ha presenciado.

Otro caso de profecías autocumplidas en el cine podemos encontrarlo en la película *Matrix*, en el momento en que Neo va a visitar al Oráculo y ésta le dice que no se preocupe por el jarrón. Al preguntar Neo por qué jarrón no debe preocuparse, se gira, da un golpe a un jarrón y lo rompe. «Lo que hará que te devanes los sesos será la pregunta: ¿lo hubiese roto si no te lo hubiera dicho?», dice el Oráculo.

En *El crimen de lord Arthur Savile*, Oscar Wilde lleva a su personaje a un quiromántico, quien augura que Savile matará a su familia, a lo que lord Arthur piensa: «Si está escrito que mataré a un familiar, mejor será que lo haga cuanto antes».

En el cuento «Dulces para mi dulce», de Robert Bloch (en la recopilación de cuentos titulada *Dulces sueños* de la editorial

Valdemar), se narra la historia de Irma, una niña que, después de recibir constantemente el mensaje de que su comportamiento es el de una pequeña bruja, decide aprender brujería para demostrarle a su padre que no estaba equivocado.

Un ejemplo práctico

Imaginemos una «situación tipo» como la que expone la psicóloga Mariana Alvez para ilustrar el funcionamiento de la profecía autocumplida:

> —Yo creo que nadie me quiere.
> — ¿Por qué piensas eso?
> —Porque sí, nadie me quiere. Cuando conozco a alguien y soy yo misma me rechazan, entonces me aburro enseguida y me alejo de esa persona. Siempre piensan mal de mí, yo lo sé.
> — ¿Y qué es ser tú misma?
> —Digo lo que pienso y no me importa cómo lo tomen los demás, hay gente que no soporta la verdad. Además, no me gusta soportar el mal humor de nadie ni que me vengan con sus problemas, soy de enojarme bastante. Capaz de enojarme demasiado si...
> —¿Puede ser que a veces estés a la defensiva?
> —¿Y cómo no voy a estarlo? ¡Si nadie me quiere!

De acuerdo con esta terapeuta, si nosotros creemos que no podemos hacer o conseguir algo, tendremos razón. Si los demás deciden que no somos capaces y nosotros elegimos creerles, entonces tendrán razón también. «Por eso **es muy**

importante que esperemos siempre lo mejor, incluso en las peores de las circunstancias, porque nuestra mente se prepara de otra manera para lidiar con las contrariedades de la vida», asegura Alvez.

MENÚ PARA LA PREOCUPACIÓN
OBJETIVO DE LA SEMANA

1. Deja de pre-ocuparte por lo que *podría* suceder.
2. Cada vez que te asalte la preocupación, ocúpate de una cosa importante que reclame tu atención.
3. No pronostiques resultados negativos.
4. Si haces alguna profecía a otra persona, que sea positiva para animarle a mejorar.

2

El estrés

Desde que ha sido ascendida a directora creativa de una agencia de publicidad, Mara es víctima de palpitaciones, sudoración excesiva y otros síntomas que denotan que está muy expuesta al estrés. Trata de establecer prioridades, pero los constantes «marrones» que aterrizan en su mesa de trabajo la tienen en un estado de alerta permanente. Tras ser víctima de una crisis de pánico, el médico le receta unos ansiolíticos que le provocan soñolencia y tampoco acaban de resolver el problema.

Mara va a tener que distinguir cuáles son las situaciones de emergencia de lo que son procesos normales en su trabajo como directora creativa.

Si no lo consigue tendrá que pedir un «downshifting», es decir, volver a su cargo anterior con menos sueldo y responsabilidades.

¿QUÉ ES EL ESTRÉS?

Thomas Holmes definió el estrés como «un acontecimiento que produce un estímulo que requiere una adaptación por parte del individuo». Por lo tanto, como definición el estrés es cualquier circunstancia que exige al individuo un cambio en su modo de vida habitual.

El estrés también se ha considerado una respuesta fisiológica. De acuerdo con Hans Selye, el primer fisiólogo en adoptar este término y describir el fenómeno del estrés, éste es «la respuesta no específica de nuestro organismo a toda demanda que se le haga».

Esta definición tan general implica que cualquier exigencia —física, psicológica o emocional, buena o mala— provoca una respuesta biológica del organismo, a causa de la secreción de ciertas hormonas responsables de nuestras reacciones al estrés.

No obstante, las últimas investigaciones consideran que el estrés no es simplemente un estímulo o una respuesta fisiológica. El psicólogo de Berkeley Richard Lazarus consideraba que «si dos personas pueden vivir una misma situación potencialmente estresante de formas distintas es porque en ellas hay diferencias individuales como la percepción, el aprendizaje o la memoria que afectan a su forma de enfrentarse a dicha situación, por lo que la variable importante del estrés no es tanto externa como interna».

EL ESTRÉS SEGÚN DANIEL GOLEMAN

En el best seller *Inteligencia emocional* de Daniel Goleman encontramos un apartado donde este psicólogo de Harvard trata el estrés y sus consecuencias en la persona como una emoción tóxica que deberíamos eliminar:

Desde un punto de vista evolutivo, la ansiedad tal vez resultara útil cuando cumplía con la función de predisponernos a afrontar algún tipo de peligro, pero en la vida moderna suele manifestarse de forma desproporcionada e inoportuna. En tal caso, la angustia no constituye tanto una respuesta de activación ante un peligro real como una reacción ante una situación cotidiana o que no es más que el producto de nuestra imaginación. En este sentido, los ataques repetidos de ansiedad constituyen un indicador de un elevado nivel de estrés que son un ejemplo de la forma en que ambos contribuyen a incrementar los problemas médicos.

Al reflexionar sobre el estrés y sus consecuencias en la salud —muy especialmente, cómo afecta al sistema inmunológico—, Goleman expone los estudios al respecto del psicólogo Bruce McEwen:

En 1993, la revista *Archives of Internal Medicine* publicó una extensa investigación realizada por el psicólogo de Yale Bruce McEwen, en la que refería las consecuencias de la relación existente entre el estrés y la enfermedad, una relación que compromete a la función inmunológica hasta el punto de acelerar la metástasis, aumentar la vulnerabilidad ante las infecciones víricas, incrementar la formación de placa que conduce a la arteriosclerosis, acelerar la formación de trombos que pueden causar un infarto de miocardio, fomentar la manifestación de la diabetes tipo I y el curso de la diabetes tipo II, y desencadenar o agravar los ataques de asma. El estrés también puede contribuir a la ulceración del tracto gastrointestinal y a empeorar los síntomas de la colitis ulcerosa y la inflamación intestinal. Hasta el mismo cerebro, a largo plazo, es susceptible a los efectos del estrés sostenido, incluyendo las lesiones del hipocampo y afectando, en consecuencia, a la memoria. [...] Los estudios realizados sobre enfermedades infecciosas como la gripe, el resfriado y el herpes proporcionan una evidencia médica particularmente relevante a este respecto. Continuamente nos hallamos expuestos a la acción de estos virus, pero nuestro sistema inmunológico suele mantenerlos a raya, excepto en aquellos momentos en los que el estrés emocional mina nuestras defensas.

OTRAS OPINIONES Y REFERENTES

Según el director del Instituto Español de Investigaciones Psiquiátricas, Enrique Rojas, el estrés y la ansiedad afectan al 54 % de la población y estos trastornos pueden ser una rampa hacia la depresión. Pero ¿cómo lo pueden esquivar las personas que viven inevitablemente estresadas? Según él: «Hay una manera de evitar lo que se llama el estrés de trabajo, que es **intentar no sobrecargarse más de lo que uno buenamente puede llevar consigo**. Los estadounidenses utilizan una expresión que es **aprender a decir que no a demandas excesivas de trabajo**».

El psicólogo, escritor y entrenador personal especializado en motivación, ansiedad y estrés, Douglas Miller, es autor de un libro titulado *Don't worry*. En este libro se intenta exponer un análisis sobre las emociones negativas como la angustia, el miedo y el estrés, con el fin de mostrar que cada uno de nosotros posee la capacidad de transformar dichas emociones en fuerzas positivas.

Para Miller, «hay que aceptar que si intentamos cosas

nuevas, habrá angustia a lo largo del camino. Por ello, debemos tratar de valorarla como parte del proceso de aprendizaje». A lo largo del libro, el autor expone siete **aspectos de la vida que provocan ansiedad**:

1. El yo
2. El sentido de la vida
3. El dinero
4. Las relaciones
5. El trabajo
6. El paso del tiempo
7. El futuro

Según el doctor Sepp Porta, profesor de la Universidad Karl-Franzens de Graz y director del Instituto de Investigación Aplicada del Estrés en Bad Radkersburg, «nadie está entregado al estrés sin remedio. Hay procedimientos para reducirlo eficazmente, e incluso evitarlo por completo. Si aprendemos a entender lo que nos están diciendo las hormonas de estrés que segrega nuestro organismo, habremos avanzado un paso fundamental hacia unas facultades más completas y una calidad de vida mejorada».

En su libro *Administrar el estrés*, escrito junto con Günter Zagler, se expone un sistema sencillo y experimentado, fruto de la experiencia terapéutica del doctor Porta, para dominar el estrés.

Según estos psicólogos, el organismo siempre se encuentra en un estado de estrés mínimo que, ante determinadas situaciones, se incrementa pudiendo producir un efecto beneficioso o negativo, dependiendo de si la reacción del cuerpo es suficiente para cubrir una determinada exigencia o ésta supera a la persona. De hecho, sostienen que el problema no es el estrés, sino nuestra incapacidad para administrarlo correctamente.

Según Naciones Unidas, el estrés es «la epidemia del siglo». Sin embargo, los autores del libro creen que si escucháramos lo que las hormonas del estrés nos piden se podría aprender a dominarlo.

LA SOFROLOGÍA

Esta disciplina, que consiste en una serie de técnicas de relajación y modificación de estados de conciencia, es una de las técnicas que se utilizan para enfrentarse al estrés.

El doctor Mario Alonso Hernández, de Sofromed, explica que:

> El estrés que se genere en el ser humano fruto del estímulo necesario para superarse en su trabajo, para llevar a cabo una relación afectiva, desarrollar la práctica de un deporte, marcarse unas metas adecuadas en la vida será, siempre que se desarrolle de una forma armónica, un estrés positivo y, por lo tanto, repercutirá beneficiosamente en él.
>
> A este **estrés positivo** se le denomina **«eustrés»**. El individuo se adapta a las exigencias del medio y se manifiesta en forma de alegría, éxito en el trabajo, amor, afecto, bienestar, optimismo, resistencia a la enfermedad, en definitiva como superación personal. Por otra parte, existe un **estrés negativo**, llamado **«distrés»**, que se presenta, sobre todo, cuando nuestro organismo responde de manera exagerada, impi-

diendo que nos desenvolvamos eficazmente en nuestros que-
haceres, dañando nuestra salud por la activación frecuente,
intensa o mantenida del organismo.

La sofrología propone un método, el MARD (Método
Abreviado de Relajación Dinámica) para conocer y controlar
de forma efectiva el estrés, a la vez que se incorporan ejercicios de relajación que ayudan a descansar correctamente.

Desviar el foco

Otra fuente de técnicas y consejos para liberarse de esta plaga
de los tiempos actuales lo encontramos en el libro *Libérate
del estrés*, de Lyn Marshall. En este manual se presentan consejos concretos para relajarse y para cambiar la manera de
comprender el estrés.

Según Marshall, es importante relajarse porque «la mente, como el cuerpo, necesita un tiempo libre adecuado para
descansar, pues, de lo contrario, puede llegar a verse sobre-
cargada, la concentración y la memoria se deterioran y llega a
resultar más difícil ejecutar hasta las tareas cotidianas más
simples. Cuanto más se esfuerza, más estresado y desgastado
llega a estar».

Además de explicar cómo el estrés afecta a nuestras emociones o a nuestra salud, Marshall expone varios métodos
para relajarse y no dejar que el estrés nos venza. Una de las
técnicas más eficaces es la **desviación de foco**:

> Cuando estamos muy estresados podemos llegar a ser
> conscientes de nuestras propias reacciones de estrés, pero

al mismo tiempo nos sentimos impotentes para solucionarlo. Nuestras reacciones se vuelven más manifiestas y, a su vez, esto nos conduce a obsesionarnos más con ellas. Se siente como si el estrés estuviese aumentando y que no hay salida. Es en momentos como éste que **necesitamos desviar nuestra fijación de nosotros mismos hacia alguna otra cosa, y podemos hacerlo mediante una maniobra de distracción**.

Llamo a este proceso desviación del foco porque lleva a **centrarse en algo externo más que en el interior de uno mismo**, e incluso si esto dura sólo unos pocos segundos es suficiente para permitirnos liberarnos de la autoobsesión que está incrementando nuestro estrés.

Algunas **soluciones para desviar el foco** fuera del estrés y la fijación y lograr la relajación:

1. Leer una novela apasionante: Aunque al principio la atención luche por seguir circulando negativamente por los mismos —y estresantes— lugares comunes, tras unos minutos de contienda la ficción acabará anulando la fuente de nuestras preocupaciones, que no deja de ser otra clase de ficción.

2. Ir al cine: La oscuridad del recinto facilita mucho más la concentración que el televisor del salón. Especialmente si elegimos una película trepidante, llegará un momento en el que lograremos que nos absorba y echaremos el cierre a nuestra oficina de los problemas.

3. Practicar un deporte exigente: De ese modo llegará un momento en el que el cuerpo necesitará canalizar to-

das sus energías en la actividad física para poder seguir. Es este momento en el que la mente deja atrás las tensiones para empezar a fluir, relajadamente, con el movimiento.

4. Meditar: Requiere de la supervisión de un instructor al principio, pero una vez logramos adquirir una rutina, con media hora diaria es suficiente para «echar el cierre» del estrés y las preocupaciones para volver, renovados como si hubiéramos dormido largamente, a la vida activa.

MENÚ PARA EL ESTRÉS
OBJETIVO DE LA SEMANA

1. Tómate unos minutos para analizar las situaciones más comunes en las que se te dispara la alarma del estrés.
2. Anota en una columna las que obedecen a la categoría de «eustrés» (estrés positivo) y en otra diferente las que pertenecen al «distrés» (estrés negativo).
3. A lo largo de esta semana, cada vez que reconozcas en ti una reacción de distrés, desactívala a través de un cambio de foco. También puedes detener tu actividad un par de minutos para recobrar la calma a través de la respiración lenta y pausada.

3

La rigidez mental

Berta está muy decepcionada con las personas que la han rodea-
do los últimos años. Nunca hacen lo que espera de ellas y tiene
la sensación constante de que defraudan su confianza. Como
todo el mundo va a la suya, se ha decidido a hacer una «limpie-
za de amistades». Elabora una lista y va tachando a todas aque-
llas personas con las que ya no tiene nada que ver, así como las
que le han «fallado» en los momentos en los que más las nece-
sitaba.

Finalmente se da cuenta de que, si lleva adelante sus planes,
apenas le quedará nadie con quien hablar o salir. ¿Será ella, que
se ha vuelto demasiado rígida o estricta?

¿POR QUÉ HAY PERSONAS MÁS RÍGIDAS QUE OTRAS?

La rigidez mental suele definirse como un «estado de negación o resistencia a aceptar ideas, actitudes, conductas o
eventos, que consideramos diferentes o amenazantes para
nuestra visión de la realidad y el deber ser». Pero ¿por qué
hay personas más rígidas que otras? ¿Por qué hay cerebros

que parecen estar más capacitados para ser flexibles, para adaptarse a los cambios?

De acuerdo con otra investigación referenciada en el portal *www.psiquiatria.com*, la capacidad del ser humano para adaptarse de forma flexible a los cambios exige a su vez mecanismos cerebrales flexibles, los cuales dependen de un neurotransmisor cerebral llamado **dopamina**. Según explican los autores de este estudio, «su expresión diferencial **puede explicar las variaciones individuales en la flexibilidad mental**, es decir, lo que permite resolver problemas complejos o afrontar situaciones novedosas».

Algunos **síntomas de que padecemos rigidez** y necesitamos hacer dieta de prejuicios e ideas preconcebidas:

- Dificultad para entender opciones vitales distintas de la nuestra, se trate de una manera de vivir, una filiación política o incluso la pertenencia a determinado club de futbol.
- Irritación ante los imprevistos: Necesitamos tener controlado todo lo que sucede a nuestro alrededor y si la situación cambia repentinamente nos sentimos perdidos y desamparados.
- Resistencia a reconocer los propios errores, mientras que tenemos una gran facilidad para detectar las equivocaciones y afrentas de los demás.
- Sentimiento de incomprensión frente al resto del mundo: Sentimos que los demás no nos entienden ni valoran como desearíamos; nos hace sufrir que nuestros méritos no sean reconocidos.

Si el lector se reconoce en dos o más de estos síntomas, necesita un menú con menos hierro vital.

CAMINOS A LA FLEXIBILIDAD

Según Jenny Moix, profesora de psicología en la Universidad Autónoma de Barcelona y autora del libro *Felicidad flexible*, la rigidez mental se caracteriza «por la terquedad y la imposibilidad de ver los puntos de vista de los otros». Por eso mismo influye negativamente en todos los ámbitos de nuestra vida: laboral, familiar o sentimental.

Es por esta razón por lo que esta psicóloga invita a romper con los esquemas preestablecidos que conlleva esta conducta. «Si nos atrincheramos detrás de un único punto de vista, será imposible cambiar la lente con la que se ven los problemas y habrá menos posibilidades de disminuir el sufrimiento, alcanzar la felicidad y salir de la cárcel en la que nos hemos convertido», dice en su ensayo.

Pero ¿cómo creamos esos esquemas inamovibles? Según esta autora, al nacer todo lo que recibimos son estímulos, pero a medida que crecemos vamos ordenando el mundo y creando una teoría de la vida.

Moix habla de un proceso psicológico llamado «atención selectiva» mediante el que, según ella, somos capaces de captar las cosas que más encajan en nuestro sistema. De esa manera, a lo largo de la vida buscamos los hechos que encajan con nuestras hipótesis y así afianzamos nuestra manera de ver el mundo. El problema de la rigidez mental es que estos valores se vuelven inamovibles.

Como dice el psicólogo Walter Riso en su libro *El arte de ser flexible*: «La flexibilidad mental es mucho más que una habilidad o una competencia: es una virtud que define un estilo de vida y permite a las personas adaptarse mejor a las presiones del medio. **Una mente abierta tiene más probabilidades de generar cambios constructivos** que redunden en una mejor calidad de vida y en la capacidad de afrontar situaciones difíciles».

Según el modelo de inteligencia emocional que expone Daniel Goleman, la **habilidad social** es justamente «la capacidad de reconocer y **saber adaptarse a pautas comportamentales de otros grupos y ambientes**». Por eso mismo es importante no sólo detectar los hábitos de rigidez mental, sino también modificar las pautas mentales limitadoras para poder asumir nuevos valores y aceptar que el cambio es permanente, que se requiere tolerancia ante las diferencias...

Para comprender cómo el cambio es permanente, merece la pena echar un vistazo a las lecciones ancestrales que *El libro de las mutaciones* o la filosofía del *Tao te Ching* nos ofrece.

FLUIR CON LOS CAMBIOS

El *I Ching* o *Libro de las mutaciones* constituye uno de los textos clásicos del pensamiento chino. Para algunos se trata del libro más antiguo de la humanidad. Aunque se desconoce el autor, hay quien atribuye su autoría a Weng Wang, fundador de la dinastía Chou, pero también hay quien dice que lo escribió el mítico emperador Fu Haj o incluso Confucio.

Entre los 64 hexagramas básicos que expuso el alemán

Richard Wilheim en su presentación del *I Ching* a Occidente, podemos encontrar uno que nos habla de la importancia del cambio.

Se trata del hexagrama 32.

EL JUICIO:

Duración. Éxito. Sin reproches. Perseverancia próspera. Conviene tener dónde ir. La duración es un estado al que no afectan inconvenientes. No se trata de un estado de descanso, ya que la mera detención significa regresión. La duración indica un movimiento enmarcado y organizado, firmemente integrado que encuentra su lugar de acuerdo a las leyes generales, constantemente comenzado y terminado. El fin se indica por un movimiento de inhalación, sístole, contracción que lleva a un nuevo comienzo en que el movimiento va hacia afuera: exhalación, diástole, expansión.

Los cuerpos celestes son el mejor ejemplo. Se mueven en órbitas fijas y su poder de iluminar es duradero. Las estaciones del año siguen leyes fijas de cambio y transformación y producen efectos duraderos. Lo mismo en el hombre, que persistiendo en su forma de vida da sentido a la duración de las cosas y llega a entender la naturaleza de todos los seres en el cielo y en la tierra.

LA IMAGEN:

Trueno y viento: La imagen de la duración. El hombre superior permanece firme y no cambia su dirección.

Los truenos fluctúan y el viento sopla; ambos son ejemplos de extrema movilidad y parecen lo opuesto de la duración, pero las leyes que gobiernan su aparición y desaparición, su venida y su ida duran. En la misma forma la independen-

cia de un hombre superior no se basa en la rigidez e inmovili-
dad de su carácter. Siempre permanece abierto a los tiempos
y sus cambios. Lo que permanece es su conducta sin desvíos,
las constantes de su persona, lo que determina sus acciones.

LO BLANDO VENCE A LO DURO

En relación a la filosofía del *Tao*, uno de los aspectos más
interesantes de sus enseñanzas pasa por el acercamiento a
la blandura, la flexibilidad, y por el rechazo a la dureza o a la
rigidez. Pero, el concepto de «blandura», ¿a qué hace referencia?

Se podría utilizar una imagen para ilustrar la idea que
transmite: ser blando significa ceder, pero no hasta romperse,
sino como lo hace el bambú, que se dobla para luego volver
a recuperar su posición inicial. O utilizando la conocida reflexión que usaba Bruce Lee, hecha famosa por un anuncio de
coches y original de una de sus películas: «No te establezcas en
una forma, adáptala y construye la tuya propia, y déjala crecer,
sé como el agua. Vacía tu mente, sé amorfo, moldeable, como
el agua. Si pones agua en una taza se convierte en la taza. Si
pones agua en una botella se convierte en la botella. Si la pones en una tetera se convierte en la tetera. El agua puede fluir,
ascender, gotear o impactar. Sé agua, amigo mío».

El experto en budismo Robert Thurman —padre de la
actriz Uma Thurman— expone la importancia de aprender a
fluir en su libro *La revolución interior, una propuesta para el
tercer milenio*:

La solidez del mundo se torna fluida. En esta nueva ligereza del ser transparente, experimentamos una nueva conexión con el mundo. La liberación de la esclavitud del ego como centro del universo se transforma en un éxtasis de unión con el libre flujo de energía del mundo. Más allá de los pactos tensos, de los conflictos o de la fragilidad entre «yo» y «tú», «ellos» o «ello», nace un «nosotros» nuevo y libre, que se relaciona sin trabas en el ámbito de la libertad total.

[...] El buda rechazaba la idea de la existencia de un núcleo irreductible de personalidad independiente, fija e indivisible. Su iluminación surgía de ver más allá de la ilusión de una entidad individual estática en el centro del ser. Se reconoció a sí mismo como un proceso fluctuante y relativo de vida mental y psíquica, totalmente interconectado con todos los niveles del entorno. Sin embargo, el punto crucial de su visión consiste en que el individuo relativo no queda disminuido sino que, por el contrario, su importancia se acrecienta.

EL CAMBIO ES LO ÚNICO CONSTANTE

También el escritor y filósofo estadounidense Lou Marinoff, autor del libro *Más Platón y menos Prozac*, se adentra en la milenaria filosofía taoísta para cuestionar los valores de nuestra sociedad en su libro *El poder del Tao*. En este texto, Marinoff repasa las enseñanzas fundamentales de Lao Tse aplicándolas a cuestiones diarias. Según Marinoff, la filosofía taoísta considera tres premisas fundamentales: la complementariedad, la armonía y el cambio. El taoísmo cree que **los cambios son lo único constante** y que éstos son legítimos y no accidentales. Marinoff considera que este es el mejor momento para aplicar estas premisas.

FLOW: LA CLAVE DE LA FELICIDAD

Mihály Csíkszentmihályi, además de tener un apellido impronunciable, es profesor de psicología en la Universidad de Claremont (California) y fue jefe del departamento de psicología en la Universidad de Chicago y del departamento de sociología y antropología en la Universidad Lake Forest.

En su exitosa obra *Fluir: La psicología de las experiencias óptimas*, acuñó el concepto de *flow* —o «fluir» en castellano—. Csíkszentmihályi define *flow* «como un estado en el que la persona se encuentra completamente absorta en una actividad para su propio placer y disfrute, durante la cual el tiempo vuela y las acciones, pensamientos y movimientos se suceden unos a otros sin pausa. Todo el ser está envuelto en esta actividad, y la persona utiliza sus destrezas y habilidades llevándolas hasta el extremo. La persona está en flow cuando se encuentra completamente absorbida por una actividad durante la cual pierde la noción del tiempo y experimenta una enorme satisfacción».

Para alcanzar la placentera sensación de fluir, debe conseguirse el equilibrio entre el desafío de la tarea y la habilidad de quien la realiza. Si la tarea resulta demasiado fácil o demasiado difícil, no lograremos fluir con ella.

En las propias palabras del autor, que realizó una entrevista con el divulgador y científico Eduard Punset, el estado de flujo es esencialmente **«la capacidad de concentrar la energía psíquica y la atención en planes y objetivos de nuestra elección**, y que se siente que vale la pena realizarlos porque se ha decidido este tipo de vida, y se disfruta cada momento en lo que se hace».

Curiosamente, según Csíkszentmihályi, estamos en estado de flujo y, por lo tanto, nos sentimos más realizados y felices cuando estamos trabajando, no en nuestro tiempo libre. Como le dijo a Punset cuando éste le preguntó acerca de este tema: «En el trabajo generalmente se tienen los objetivos muy claros y se pueden gestionar, que es una de las cosas que produce el flujo: el saber que hay que hacer algo en concreto; y la otra es que se tiene un *feedback*, es decir, que se puede ver cómo se está actuando, ya sea por los clientes, el jefe o los colegas, o por lo que se está haciendo, de manera que hay *feedback*. Una parte muy importante del flujo es que las habilidades o las destrezas están en equilibrio con el reto de lo que se tiene que hacer. Y generalmente en el trabajo se llega a equilibrar esto: está muy claro. O sea que la paradoja reside en que el trabajo, en muchas ocasiones, es mucho más un juego que lo que hacemos en el tiempo libre en casa. Hay mucha gente que no sabe realmente qué hacer con su tiempo libre: no saben qué es lo mejor, no tienen *feedback*, creen que sus destrezas no están optimizadas».

MENÚ PARA LA RIGIDEZ
OBJETIVO DE LA SEMANA

1. Pregunta a una persona de gran confianza en qué puntos o temas te muestras rígido.
2. Proponte esta semana moverte en tu manera de pensar, hablar y actuar respecto a este particular.
3. Practica la flexibilidad escuchando activamente a personas con opiniones muy diferentes a la tuya, compartiendo ocio con ellas y desactivando cualquier censura mental.
4. Dedica unos minutos al día a una actividad que te provoque el estado de flow, es decir, que te permita fluir y fundirte con aquello que haces.

4

Compararse

Martina no está pasando su mejor momento con su amiga de toda la vida. Desde que empezó una estricta dieta, la lentitud de los resultados ha hecho que vaya acumulando rencor hacia su compañera, que no necesita hacer nada para ser delgada y esbelta. Cuando salen juntas, le irrita sobremanera que la otra se ponga vestidos ajustados, ya que parece que le esté refregando aquello que Martina nunca conseguirá.

Ha hablado con su amiga sobre lo desesperante que es para ella perder peso, pero la otra no parece darse cuenta de la situación. Le dice que cada persona es diferente y tiene sus propios atractivos. Eso a Martina le ha sentado aún peor, porque ve en estas palabras un poso de compasión.

¿Cómo puede dejar de compararse y aceptarse como es?

La felicidad no admite comparaciones

Según el psicoterapeuta canadiense Nathaniel Branden, autor de libros como *Los seis pilares de la autoestima* o *El respeto hacia sí mismo*, «las personas con alta autoestima no necesitan compararse con los demás. Su alegría radica en ser quienes son y no en tratar de ser mejor que otro».

Pero ¿qué nos empuja a compararnos con los demás? Y ¿por qué es más habitual la comparación negativa que la positiva?

Probablemente porque **hay más personas con una autoestima baja que las que se sienten seguras y satisfechas con ellas mismas**. Y la comparación parece ser una herramienta recurrente para dar con nuestro propio valor.

Según la psicología social, la imagen personal que se tiene de uno mismo está relacionada directamente con la autoestima: la valoración que hacemos de nosotros mismos a partir de nuestra autoimagen.

Investigadores como Ángel Antonio Marcuello apuntan que «las personas con baja autoestima tienen una visión muy distorsionada de lo que son realmente; al mismo tiempo, mantienen unas exigencias extraordinariamente perfeccionistas sobre lo que deberían ser o lograr».

Consejos para dejar de compararnos

Según el célebre orador y líder motivacional estadounidense Zig Ziglar, «la persona más influenciable con la que hablarás todo el día eres tú. Ten cuidado entonces con lo que te dices a ti mismo».

En su libro *Pasos hacia la cumbre del éxito*, Zig Ziglar expone una de las razones por las que los seres humanos solemos compararnos:

Hay momentos en la vida durante los cuales nos sentimos desanimados y vacilantes. En efecto, el finado doctor Maxwell Maltz escribió: «Por lo menos el 90 % de las personas del mundo sufren de complejo de inferioridad». La razón por la cual el ser humano se siente inferior con respecto a su vida, su fisonomía, sus habilidades y destrezas se debe a que vivimos comparándonos con héroes y heroínas del mundo irreal de la televisión. [...] El problema radica en que cometemos el error de compararnos con la demás gente. Uno es uno y no tiene por qué medirse con otros. Una persona no es superior ni inferior a otra. El Ser Supremo crea a cada uno de nosotros con un toque exclusivo y original. El éxito personal no se determina comparándonos con otros, sino comparando nuestros logros con nuestras capacidades. Una persona es «número uno» cuando hace lo mejor posible con aquello de que dispone diariamente.

Entonces, ¿cómo podemos evitar la tentación de compararnos con los demás? Zig Ziglar propone un pequeño paso: «Hoy tomaré conciencia de que yo soy especial y único, y utilizaré mis talentos en vez de desear tener los de los demás».

La inspiración de los mejores

En lo que se conoce como «modelo SEM», Tesser afirma que «la tendencia general de las personas es verse reflejadas en los triunfos de los individuos superiores, pues eso les hace sentirse mejores y su autoevaluación mejora si están cerca de dichas personas».

ERES UNA MARAVILLA

Cada segundo que vivimos
es un momento nuevo y único del Universo,
un momento que nunca se repetirá.
Y ¿qué les enseñamos a nuestros hijos?
Les enseñamos que dos más dos son cuatro,
y que París es la capital de Francia.
¿Cuándo les enseñaremos también lo que son?
Debemos decirles a cada uno de ellos:
¿Sabes lo que eres?
Eres una maravilla. Eres único.
En todos los años que han pasado,
nunca ha habido un niño como tú.
Tus piernas, tus brazos,
tus inteligentes dedos,
la manera en la que te mueves.

Puede ser que te conviertas
en un Shakespeare, Miguel Ángel o Beethoven.
Tienes la capacidad para todo.
Sí, eres una maravilla.

Y cuando crezcas,
¿puedes entonces hacer daño a otro que, como tú, es una
maravilla?

Debes empeñarte,
debemos todos empeñarnos,
para hacer que el mundo sea digno de nuestros niños.

PAU CASALS

Taylor y Lobel añaden que la comparación ascendente puede producir efectos positivos en la forma de inspiración y optimismo, aun cuando la autoevaluación resulte negativa, tal como muestra un estudio publicado en el portal especializado *www.apsique.com*.

Según este estudio, una investigación realizada en una universidad acerca de la comparación ascendente (compararse con aquellos mejores) o descendente (compararse con aquellos peores), demostró que **la mayoría de los participantes (87 %) prefirieron la comparación ascendente**.

En las conclusiones finales, estos investigadores declararon:

> Si bien la comparación social ascendente es considerada como debilitadora del ego, la gente continuamente se compara con aquellos cuyas habilidades y atributos son mejores que los de ellos. La comparación ascendente no está en conflicto con el deseo de una consideración personal positiva ya que, de hecho, la ayuda indirectamente, a través de la motivación por el automejoramiento, y a veces directamente, a través de procesos de reflexión. La evidencia revisada sugiere que **la comparación ascendente será devastadora para el ego cuando las expectativas de superación sean más débiles que las fuerzas que promueven el contraste**, y la persona que se compara estaría forzada a concluir que él o ella es parte de una categoría inferior.

Para evitar ese riesgo, siempre podemos acudir a la sabiduría popular, que aconseja compararse sólo con los de abajo. O bien conformarnos con ser nosotros mismos y evitar en nuestra dieta lo que son o representan los demás.

MENÚ PARA LA COMPARACIÓN
OBJETIVO DE LA SEMANA

1. Anota en un papel todo aquello que te hace único y especial, aunque no todo sean virtudes.
2. Plantéate para esta semana un objetivo concreto que sirva para desarrollar tu mejor virtud.
3. Valora al final de la semana lo que has conseguido en una escala del 1 al 10 respecto a lo que podrías haber hecho.
4. Programa para la próxima semana aumentar tu puntuación en ese talento o capacidad que te distingue.

5

Envidia y celos

Tomás no puede evitar sentir rabia por su timidez y falta de habilidades sociales. Su hermano es todo lo contrario a él: tiene un magnetismo irresistible sobre su entorno y las chicas hacen cola para buscar su compañía. Mientras se lamenta de las cartas que ha repartido el destino, no se da cuenta de que una joven y agradable vecina se ha fijado en él y le manda señales cada día que coinciden en la calle.

Finalmente, la chica acaba saliendo con otro joven sin tanto ruido en la cabeza.

EL VENENO DE LA ENVIDIA

Hay un mito romano donde encontramos la acción devastadora de la envidia y los celos. Es la historia de Minerva y Aracne que cuenta Ovidio en *Las metamorfosis* y que, a su vez, también muestra el mal que puede causar la ira mezclada con estos sentimientos.

Aracne es una joven que teje con gran maestría. Minerva, ofendida al ver que aquella mortal no sólo iguala sus artes, sino que además no le agradece el don recibido, se llena de envidia a causa de ello.

Ovidio cuenta que la diosa se metamorfosea en anciana para aconsejar a Aracne que muestre más respeto por la diosa que le ha otorgado el don de tejer, pero Aracne no cede. Al ver los actos de soberbia de Aracne, Minerva decide castigarla, movida por una mezcla de envidia, orgullo y también soberbia que le impide aceptar que una mortal la iguale o la supere, y dice: «Vivirás, insolente Aracne, siempre de esta forma suspendida, tal será tu castigo para toda la posteridad». Al marcharse, Minerva le arrojó el jugo de una hierba envenenada que le hizo caer los cabellos, la nariz y las orejas; la cabeza y el cuerpo disminuyeron; las piernas y los brazos se tornaron patas delicadísimas, y el resto del cuerpo se convirtió en un grueso vientre. De esta manera, transformada en araña, sigue realizando con sus hilos la tarea a que estaba acostumbrada.

Tomar las tajadas de la vida

En su libro *Tus zonas erróneas*, Wayne W. Dyer dice que en el momento en que aprendes a amarte a ti mismo, debes dejar de lado la envidia porque es una manera de rebajarte.

> Al escoger amarte a ti mismo y tomar las tajadas de la vida que te apetecen, los demás, a los que tú sirves, aprenderán también a tener confianza en sí mismos. Y descubrirás que no sientes resentimiento hacia ellos. [...] Elimina la envidia reconociéndola como una manera de rebajarte a ti mismo. Al compararte con otra persona e imaginarte que eres menos querida que ella, haces que otros sean más importantes que tú.

Mides tus propios méritos comparándolos con los de los demás. Recuérdate a ti mismo que:

1. Un tercero puede preferir a otra persona sin necesidad de que ello sea un reflejo negativo de tu persona.
2. Si eres o no elegido por cualquier persona significativa no quiere decir nada, pues no es así como evalúas tu propio mérito.

[...] Con la práctica y la costumbre de amarte a ti mismo, cualquier circunstancia que antes te daba celos o envidia funcionará de manera inversa. Creerás tanto en ti mismo que no necesitarás ni la aceptación ni el amor de los demás para sentir que vales.

NO TODAS LAS ENVIDIAS SON IGUALES

En *El laberinto sentimental*, el célebre ensayista José Antonio Marina resume de este modo la descripción realizada por Castilla del Pino:

> No se envidia lo que posee el envidiado, sino la imagen que el envidiado proyecta como poseedor del bien. La envidia revela una deficiencia de la persona que la experimenta. La tristeza del envidioso no está provocada por una pérdida, sino por un fracaso, por no haber conseguido. Es una relación de odio. Odio al envidiado por no poder ser como él. Odio también a sí mismo por ser como es. La envidia está muy relacionada con los celos, pero éstos implican una relación triangular —sujeto, objeto y rival—, mientras que la envidia es dual.

El envidioso recela del otro porque, a su juicio, le opaca y le hace sombra.

Sin embargo, según el psiquiatra y escritor Enrique Rojas, no todas las envidias son iguales. Básicamente las divide en dos categorías:

1. La primera es la conocida como **envidia inteligente, de emulación, positiva.** Se caracteriza por el deseo de contar con las virtudes del envidiado, entre las que se encuentran sus valores y actitudes positivas. «Esta envidia, por lo general, ayuda a que la persona crezca y se vuelva más segura de sí misma», asegura Rojas. Esta clase de envidias muestran que los otros tienen algo valioso y que vale la pena imitarlo: se trata de un modelo atractivo que puede inspirar.

2. La **envidia mala** se caracteriza por desear bienes materiales o posiciones superiores y actuar para conseguir lo mismo que tiene alguien a cualquier precio. Conlleva las ganas de destruir al otro.

La dama se esconde

En su libro *Teoría de los sentimientos*, el neurólogo Carlos Castilla del Pino —que ya hemos visto citado por José Antonio Marina en su libro *El laberinto sentimental*— explica que **«una de las peculiaridades de la actuación envidiosa es que necesariamente se disfraza o se oculta,** y no sólo ante terceros, sino también ante sí mismo. La forma de ocultación más usual es la negación: sentir envidia se niega ante los demás y ante uno mismo».

MEDITACIÓN DEL METTA-BHAVANA

A veces nos cuesta desprendernos de los sentimientos de hostilidad hacia los demás, especialmente cuando nos sentimos víctimas de una «injusticia». Esta meditación budista en cinco estadios está orientada a aplacar la rabia que nos ha causado una persona o situación determinada.

Su finalidad es transformar las emociones negativas en un estado de amor universal, comprensión y amistad hacia todos los seres. Practicado con regularidad, el Metta Bhavana —que significa literalmente «desarrollo de la tierna bondad»— tiene un alto poder transformador. Es, además, muy fácil de llevar a cabo:

1. Siéntate e intenta experimentar sentimientos de calor, amabilidad y buena voluntad hacia ti mismo. No se trata de pensar sino de sentir estas emociones.

2. Piensa en un amigo o amiga —alguien que no sea tu pareja ni un familiar— y trata de desarrollar sentimientos de amor aún mayores hacia esta persona.

3. Elige una persona «neutral» —alguien que normalmente te resulte indiferente— y esfuérzate en dirigir sentimientos de ternura y humanidad hacia ella. Esfuérzate en abrazar su humanidad.

4. Piensa en algún «enemigo» —o alguien con quien te cueste entenderte— y trata de desarrollar los mismos sentimientos de calor, bondad y comprensión hacia él.

5. Finalmente, reúne en la mente a las cuatro personas —tú, el amigo, la persona neutral y el enemigo— e intenta albergar sentimientos de afecto hacia los cuatro. Visualiza cómo ese amor se expande hacia las personas de tu entorno, a tu ciudad, a tu país, al mundo entero.

Según Castilla del Pino, la envidia revela una deficiencia de la persona envidiosa que no está dispuesta a admitir. Si el envidioso estuviera dispuesto a saber de sí, a re-conocerse, asumiría ante los demás y ante sí mismo sus carencias. Por eso necesita **atacar al prójimo, para señalar sus carencias**. «El envidioso acude para el ataque a aspectos difícilmente comprobables de la privacidad del envidiado, que contribuirían, de aceptarse, a decrecer la positividad de la imagen que los demás tienen de él (el envidioso tiende a hacerse pasar por el mejor "informado", advirtiendo a veces que "aún sabe más"). Pero adonde realmente dirige el envidioso sus intentos de demolición es a la imagen que los demás, menos informados que él, o más ingenuos, se han construido sobre bases equivocadas».

Eso se consigue gracias a la difamación, desacreditando al prójimo.

Pero ¿dónde está el verdadero objeto de la envidia?, pregunta Castilla del Pino: «No en el bien que el otro posee, sino en el (modo de) ser del envidiado, que le capacita para el logro de ese bien. [...] Sabemos de qué carece el envidioso a partir de aquello que envidia en el otro. Pero, además, en este discurso destaca la tácita e implícita aseveración de que el atributo que el envidiado posee lo debiera poseer él, y, es más, puede declarar que incluso lo posee, pero que, injustificadamente "no se le reconoce". Ésta es la razón por la que el discurso envidioso es permanentemente crítico o incluso hipercrítico sobre el envidiado, y remite siempre a sí mismo».

EMOCIONES TÓXICAS

El psicoterapeuta Bernardo Stamateas afirma que los celos tóxicos forman parte de las emociones más dañinas que asaltan al ser humano. En su libro *Emociones tóxicas* los define como «el miedo a perder lo que tengo. Muchas personas creen falsamente que ser objeto de celos es ser amadas. El celoso tiene miedo a perder, porque no tiene el permiso interior de tener».

A diferencia de la envidia, los celos son una emoción que podemos vivir con nuestros seres más queridos, ya que apunta a la posibilidad de que nos arrebaten aquello que creemos nuestro.

El psicólogo Walter Riso, autor de los libros *Ama y no sufras. Cómo disfrutar plenamente de la vida en pareja* y *Amores altamente peligrosos*, ha tratado muchos de los sentimientos y comportamientos que afectan de manera negativa a la vida de la pareja. Entre ellos se encuentran los celos. En su blog escribió un artículo titulado «Celos en retrospectiva» donde aborda de forma concreta y sencilla las clases de celos que existen y qué puede motivarlos:

> La «lectura de la mente» es la distorsión cognitiva preferida de la persona desconfiada. Casi siempre está «pensando en lo que el otro piensa que él piensa» y escarbando en las intenciones de su pareja. La angustia que genera la suspicacia en estos sujetos es tal, que algunos sienten alivio si sus hipótesis se cumplen. Prefieren el hecho consumado del engaño, así duela, que la incertidumbre cotidiana. Alguien que había descubierto a su esposa en una infidelidad sostenida, me dijo con alivio: «Al menos se terminó... La sospecha me estaba

matando». ¿Será preferible el dolor de la verdad a la felicidad probable?

Celos reales o imaginarios, aterrizados o delirantes, pasados o futuros, todos duelen. Si tu pareja coquetea descaradamente con alguien en tus narices te enfurecerás, es natural, se trata de la defensa de la territorialidad. A nadie le gustan los cuernos y menos de frente. ¿Qué haría una persona bien estructurada en una situación como ésta, además de sentirse mal? Pues encarar la cuestión asertivamente, decir honestamente lo que piensa y tratar de sentar un precedente no violento al respecto.

Según Riso, los **celos patológicos** son más intensos que los reales o imaginarios: «Ocurren sin fundamento alguno y el celoso empieza a establecer correlaciones ilusorias y atar cabos que no están sueltos. Las interpretaciones erróneas se disparan todo el tiempo y pueden llegar a constituir un trastorno celotípico delirante. Por ejemplo, un hombre estaba seguro de que su mujer hacía el amor con alguien mientras él dormía a su lado, por lo que había decidido pasar las noches en vela y agarrar al intruso con las manos en la masa. De más está decir que nunca se topó con el supuesto amante».

Riso apunta la existencia de otra clase de celos: los **celos retrospectivos**, «es decir, suspicacia hacia atrás y antes de conocer a la persona. Para estos individuos es inconcebible que la pareja haya tenido un romance antes de que él o ella aparecieran en su vida. La indagatoria es sobre el pasado íntimo de la persona amada y las preguntas inquisitorias versan sobre un morbo enredador: "¿Qué te hacía?", "¿Te acostabas con él?", "¿Ella te besaba?", "¿Cómo te besaba?"... Y la conclusión, un descubrimiento desgarrador para el ego paranoide: "¡Disfrutaste con otra persona!". El cuestionamiento es profundamente ególatra: "¿Cómo pudiste ser feliz, si yo no existía?"».

Esta muestra delirante del comportamiento humano muestra los riesgos de torpedear nuestra felicidad con lo que creemos que tienen los demás —algo que consideramos nuestro—, sea una habilidad, un atributo físico, un estatus o incluso la persona que consideramos que nos pertenece.

MENÚ PARA LA ENVIDIA Y LOS CELOS
OBJETIVO DE LA SEMANA

1. Cada vez que detectes algo que te gusta de los demás y que desearías tener, contrapón algo distinto que al otro le falta y tu posees.
2. Practica la admiración con aquellas personas diferentes a ti sin volver la mirada hacia ti para establecer la comparación.
3. Si sufres la punzada de los celos, utilízalos como un espejo para corregir tu propia inseguridad, sin molestar a la otra persona.
4. En casos flagrantes, comunica a tu pareja que te sientes celoso y por qué.

6

Obsesión por las opiniones ajenas

Carlos se ve aquejado de un amargo sentimiento de inferioridad desde que se relaciona con personas de un estatus social superior al que estaba acostumbrado. Desde que se mudó a un barrio acomodado, siente la necesidad imperiosa de agradar a sus nuevos vecinos. Cuando coinciden en el bar o se encuentran en la calle, se esfuerza sobremanera en ser cortés, atento y divertido. Tanta es su insistencia, que resulta empalagoso y cansino a los demás, que han empezado a desconfiar incluso de sus intenciones.

Esto no ha hecho más que aumentar la ansiedad de Carlos, que en lugar de comportarse con naturalidad, aún pone más ahínco en sus esfuerzos sin darse cuenta de que es contraproducente.

Sin embargo, él no entiende nada y no deja de preguntarse: ¿qué tienen todos contra mí?

¿QUÉ ES LA AUTOESTIMA?

La obsesión por las opiniones de otros es un signo claro de una baja autoestima, ya que buscamos en los demás la seguridad que no encontramos en nosotros mismos. Por eso para prescindir de la valoración ajena hay que empezar trabajando este aspecto fundamental de la personalidad.

La psicología define la autoestima como «la opinión emocional que una persona tiene sobre sí misma o el amor que siente por uno mismo». Desde que se empezó a utilizar el término, existen diversas maneras de considerar la autoestima.

A finales del siglo xix, se entendía la autoestima como el promedio entre los éxitos logrados y las pretensiones que uno tenía. A partir de la década de 1960, Morris Rosenberg definió la autoestima como **un sentido estable de la valoración personal**.

El psicólogo estadounidense Abraham Maslow, uno de los máximos exponentes de la psicología humanista, en su jerarquía de las necesidades humanas, describe la necesidad de aprecio o estima. Este nivel de **aprecio o estima se divide en dos aspectos**:

1. El aprecio que se tiene uno mismo (amor propio, confianza, pericia, suficiencia, etc.)
2. El respeto y estimación que se recibe de otras personas (reconocimiento, aceptación, etc.)

Otra definición interesante del concepto de autoestima la da el psicólogo y terapeuta canadiense Nathaniel Branden, especializado precisamente en el campo de la psicología de la autoestima. En su libro *Los seis pilares de la autoestima*, Branden define la autoestima como «la disposición a considerarse competente frente a los desafíos básicos de la vida y sentirse merecedor de la felicidad».

Tras explicar los componentes que forman la autoestima y cómo se manifiesta, Branden expone en su libro los **seis pilares para una buena autoestima**, que son los siguientes:

1. La práctica de vivir conscientemente: Ser consciente de todo, de nuestras acciones, de nuestras capacidades; vivir siendo responsable con la realidad y con uno mismo.

2. La práctica de la aceptación de uno mismo: Si no nos aceptamos a nosotros mismos, la autoestima es imposible. Para ello, debemos comprender que aceptarse a uno mismo significa estar de nuestra parte, no en guerra con nosotros mismos; es disponerse a experimentar todo lo que hay en uno mismo y ser amigo de uno mismo.

3. La práctica de la responsabilidad de uno mismo: Experimentar que controlamos nuestra vida y que somos responsables de ella.

4. La práctica de la autoafirmación: Significa valernos por nosotros mismos, respetarnos y no falsear nuestra persona para agradar a los demás; es decir, vivir de forma auténtica.

5. La práctica de vivir con propósito: Utilizar nuestras capacidades para conseguir las metas que hemos elegido.

6. La práctica de la integridad personal: Ser congruente y consecuente con uno mismo.

En otra de las obras escritas por Nathaniel Branden, *Cómo mejorar su autoestima*, encontramos una explicación sobre qué es la autoestima y cómo puede afectar en nuestra vida tener un alto o bajo concepto de uno mismo.

Para Branden, está claro que la autoestima debe ser «en cualquier nivel, una experiencia íntima; reside en el núcleo de nuestro ser. Es lo que yo pienso y siento sobre mí mismo, no lo que otros piensan o sienten sobre mí. [...] El modo en que nos sentimos con respecto a nosotros mismos afecta de forma decisiva a todos los aspectos de nuestra experiencia, desde la manera en que funcionamos en el trabajo, el amor o el sexo, hasta nuestro proceder como padres y las posibilidades que tenemos de progresar en la vida. Nuestras respuestas ante los acontecimientos dependen de quién y qué pensamos que somos. Los dramas de nuestra vida son los reflejos de la visión íntima que poseemos de nosotros mismos. Por lo tanto, la autoestima es la clave del éxito o del fracaso».

En otro momento del libro, haciendo referencia a la necesidad de que otros nos aprueben como personas como motor para alimentar la autoestima, Branden dice: «Nadie puede respirar por nosotros, nadie puede pensar por nosotros, nadie puede imponernos la fe y el amor por nosotros mismos».

ASERTIVIDAD CONTRA DEPENDENCIA PSICOLÓGICA

En su libro *La asertividad. Expresión de una santa autoestima*, Olga Castanyer plantea un reto: «Si nos queremos y respetamos, seremos capaces de querer y respetar al otro. Y la única forma de hacerlo es desarrollando una sana autoestima que nos permita estar seguros de nuestra valía única y personal y nos ayude a hacer valer nuestros derechos sin pisar los del otro. Pero ¿cómo hacerlo? ¿Cómo lograr tener respeto ante uno mismo?».

EL MAL ACTOR DE SUS EMOCIONES

Y llegó a la montaña donde moraba el anciano. Sus pies estaban ensangrentados de los guijarros del camino, y empañado el fulgor de sus ojos por el desaliento y el cansancio.

—Señor, siete años ha que vine a pedirte consejo. Los varones de los más remotos países alababan tu santidad y tu sabiduría. Lleno de fe escuché tus palabras: «Oye tu propio corazón, y el amor que tengas a tus hermanos no lo ocultes». Y desde entonces no encubría mis pasiones a los hombres. Mi corazón fue para ellos como guija en agua clara. Mas la gracia de Dios no descendió sobre mí. Las muestras de amor que hice a mis hermanos las tuvieron por fingimiento. Y he aquí que la soledad oscureció mi camino.

El ermitaño le besó tres veces en la frente; una leve sonrisa alumbró su semblante, y dijo:

—Encubre a tus hermanos el amor que les tengas y disimula tus pasiones ante los hombres, porque eres, hijo mío, un mal actor de tus emociones.

JULIO TORRI

Para esta psicóloga, «que una interacción nos resulte satisfactoria depende de que nos sintamos valorados y respetados, y esto, a su vez, no depende tanto del otro, sino de que poseamos una serie de habilidades para responder correctamente y una serie de convicciones o esquemas mentales que nos hagan sentirnos bien con nosotros mismos». Por lo tanto, no debemos esperar la aprobación ajena, sino aceptarnos a nosotros mismos. Es aquí donde tiene un papel importante la asertividad. Como bien dice Castanyer, definiciones sobre lo que es la asertividad hay muchas. Ella escoge una de las más clásicas: **«La asertividad es la capacidad de autoafirmar los propios derechos, sin dejarse manipular y sin manipular a los demás»**.

Las personas que buscan siempre la aprobación de los demás, que respetan a los otros pero no a sí mismos, son denominadas no-asertivas. Son aquellas que no opinan por no molestar, menos aún si es una opinión contraria a lo que esperan los otros.

Sin embargo, esta constante búsqueda de aprobación ajena es, como dice la autora, un gasto excesivo de energía: «No puedo gustar a todo el mundo. Igual que a mí me gustan unas personas más que otras, así también les ocurre a los demás respecto a mí. [...] **Intentando gustar a todo el mundo, no hago más que gastar excesiva energía y no siempre obtengo el resultado deseado**. Pero puedo determinar lo que yo quiero hacer, más que adaptarme o reaccionar a lo que pienso que las otras personas quieren».

LA INTELIGENCIA SOCIAL

Sobre la obsesión que tenemos los humanos a las opiniones ajenas, Daniel Goleman explica en su ensayo *Inteligencia social*, escrito tras el best seller *Inteligencia emocional,* la necesidad de ser aprobados por los demás y de cómo las opiniones ajenas pueden afectarnos:

> El hecho de sentirnos evaluados amenaza nuestra identidad social, es decir, el modo en que nos vemos a nosotros mismos a través de los ojos de los demás. Esta sensación de

valor y estatus social y también, en consecuencia, de autoestima, se deriva de los mensajes acumulados que nos transmiten los demás sobre el modo en que nos perciben. Este tipo de amenazas a la posición que los demás nos atribuyen tienen un poderoso impacto en nuestro funcionamiento biológico y hasta en nuestra supervivencia. Después de todo, la ecuación inconsciente es que, si los demás nos consideran indeseables, no sólo nos sentimos avergonzados, sino también rechazados.

El primer paso para vencer esta necesidad es reconocerla.

El segundo, como hemos visto al principio, es reinvertir estas energías que consumimos en gustar a todo el mundo en gustarnos a nosotros mismos.

LAS ZONAS ERRÓNEAS DE WAYNE W. DYER

El psicólogo y escritor estadounidense Wayne W. Dyer escribió, a finales de los años setenta del siglo xx, uno de los libros más interesantes sobre cómo deshacerse de las conductas negativas que afectan a la autoestima y la felicidad de las personas.

Se trata de *Tus zonas erróneas*, una obra fundamental que ya hemos citado en anteriores capítulos y que estuvo durante más de sesenta semanas en la lista de los best sellers del *New York Times*. La obra se presenta, siguiendo el ejemplo que exponemos a continuación, que él utiliza al inicio del libro, como un texto «lleno de gusanos», es decir, que cada uno podrá encontrar en él lo que quiera encontrar:

Un orador se dirigió a un grupo de alcohólicos decidido a demostrarles, de una vez por todas, que el alcohol era el peor de los males. Sobre su mesa en el estrado tenía lo que a simple vista parecían ser dos vasos llenos de un líquido transparente. Explicó que uno estaba lleno de agua pura y que el otro estaba lleno de alcohol sin diluir, también puro. Colocó un pequeño gusano en uno de los vasos y los presentes pudieron observar cómo éste nadaba por la superficie dirigiéndose hacia el borde del vaso, deslizándose tranquilamente hasta llegar arriba. Luego el orador cogió el mismo gusano y lo colocó en el vaso lleno de alcohol. El gusano se desintegró a la vista de todos. «Ahí tienen —dijo el orador—. ¿Qué les parece? ¿A qué conclusiones llegan?» Una voz, proveniente del fondo de la habitación, dijo muy claramente: «A mí lo que me parece es que si uno bebe alcohol no tendrá nunca gusanos». Este libro tiene muchos «gusanos» en el sentido de que oirás y percibirás exactamente lo que quieres oír basándote en muchos de tus propios valores, creencias, prejuicios e historia personal. Es difícil y delicado a la vez escribir sobre el comportamiento autofrustrante. El mirarte a ti mismo en profundidad con intenciones de cambiar puede ser algo que dices que te interesa hacer, pero a menudo tu comportamiento demuestra lo contrario. Es difícil cambiar.

Por eso mismo Wayne W. Dyer planteó este libro de manera sencilla. Cada capítulo está escrito, según el autor, como una sesión de psicoterapia. Se observa cada zona errónea y se examinan los antecedentes históricos y culturales que alimentan dicho comportamiento, para luego estudiar cómo se manifiesta, qué nos impulsa a aferrarnos a esa zona errónea y cómo deshacernos de ella.

Una de las principales zonas erróneas que se exponen en el libro trata sobre una mala concepción de la autoestima y sobre la dependencia, a veces enfermiza, de la opinión ajena (por algo uno de los capítulos del libro se titula «Tú no necesitas la aprobación de los demás»).

Según Dyer, la autoestima o propia-estima «no puede ser verificada por los demás. Tú vales porque tú dices que es así. **Si dependes de los demás para valorarte, esta valoración estará hecha por los demás».**

¿Por qué es negativa la obsesión por la opinión ajena según Dyer? Porque «la necesidad de aprobación de los demás equivale a decir: "Lo que tú piensas de mí es más importante que la opinión que tengo de mí mismo"».

Siguiendo el orden que expone Wayne W. Dyer en su introducción del libro, veamos qué mueve a las personas a buscar la aprobación ajena. Según Dyer, «la necesidad de aprobación se fundamenta en una sola suposición: "No confíes en ti mismo; confirma todo con otra persona primero". Nuestro ambiente cultural refuerza el comportamiento de búsqueda de aprobación como norma de vida. El pensamiento independiente no sólo es anticonvencional, sino que es el enemigo de las mismas instituciones que constituyen los baluartes de nuestra sociedad. Si has crecido en esta sociedad, no hay duda de que esta idea te ha polucionado. El **"no te fíes de ti mismo" es la esencia de la necesidad de tributo y la espina dorsal de nuestra cultura».**

Esta necesidad de aprobación ajena puede llegar a ser un medio de manipulación, como expone el autor. Colocas en los demás tu valía como persona, y si no te aprueban, no vales nada. He ahí el peligro de la adicción a la opinión ajena. Y es que, como dice Dyer, «la aprobación no es un mal en sí misma; en realidad, la adulación es deliciosamente agradable.

La búsqueda de la aprobación se convierte en una zona errónea sólo cuando se convierte en una necesidad en vez de un deseo. [...] Si sólo deseas la aprobación simplemente es porque te sientes feliz con el apoyo y la aceptación de las demás personas. Pero si la necesitas, te puedes derrumbar en caso de no conseguirla. Es entonces cuando empiezan a funcionar las fuerzas autodestructivas».

Por eso es tan importante, en nuestra dieta espiritual, deshacerse de esta zona errónea para lograr realizarse como persona.

MENÚ PARA LAS OPINIONES AJENAS
OBJETIVO DE LA SEMANA

1. Toma en cuenta sólo el *feedback* positivo que llegue sobre tu persona. Es decir, acepta como un regalo las palabras amables que recibas de los demás, pero sin por ello buscarlas.
2. Recupera la responsabilidad de analizar y valorar aquello que no haces tan bien. Dedica una vez por semana a detectar lo que podrías hacer mejor y aquello que no deberías hacer para llevar una vida con menos problemas.

7

Juzgar y criticar

Miguel está intoxicado por el mal hábito de criticar a los demás. La mayor parte de sus conversaciones versan sobre aspectos negativos de las personas de su entorno. Incluso cuando en la mesa hay amigos o compañeros de trabajo de las mismas, Miguel no se corta un pelo y saca punta a todo lo que han dicho y hecho. Entre la burla y la censura, sin darse cuenta va perdiendo popularidad entre los suyos hasta quedarse con pocos que deseen escucharle.

Hay dos motivos para ello.

El primero es que resulta agotador escuchar cómo alguien se queja todo el día y señala en los demás los males del mundo.

El segundo es que los que escuchan al criticón saben que, cuando ellos no estén presentes, serán el objeto de sus juicios y críticas.

¿POR QUÉ JUZGAMOS A LOS DEMÁS?

Según Nuria Aymerich, en un artículo para el Leadership Institute, «las personas tendemos a juzgar a los demás, diciendo que ellos actúan mal y que son culpables de muchas situaciones que nos hieren o afectan. **Emitir juicios sobre los demás puede "esconder" algunas de nuestras propias debilidades».**

En un artículo de Gaspar Hernández sobre la imposibilidad de gustar a todo el mundo, este periodista y escritor acude al budismo para abordar el tema que tratábamos en el anterior capítulo, ya que el mal hábito de juzgar y criticar a menudo surge como reacción al sentirnos criticados.

El autor de *El silencio* afirma: «Intentar gustar a todo el mundo nos hará infelices; y si bien es cierto que el sufrimiento es inherente al ser humano, también lo es que hay medidas paliativas que nos hacen más llano el camino. Una de esas medidas es aprender a **desvincular la crítica de nuestra persona: entender que quien critica una decisión o una opinión nuestra no está criticándonos a nosotros como persona.** En el momento en que alguien saca algo a la luz, ya sea en el ámbito social, laboral, incluso doméstico o de pareja, se expone a la crítica. Por eso hay que saber encajarlas. Cuando hemos interiorizado el aprendizaje, podremos expresarnos libremente, sin miedo, incluso ante aquellos que piensan de manera distinta. Es su opinión. Otro pensará lo contrario. La crítica suele estar más relacionada con el que la lanza que con el que la recibe: a menudo, **quien critica se confiesa. Confiesa sus temores, sus inseguridades, sus frustraciones».**

Como apunta Hernández en su artículo, el filósofo Arthur Schopenhauer ya se preguntó acerca de la necesidad de someterse a la opinión ajena y la necesidad de juzgar a los demás. Según el filósofo, hay que conseguir no darle importancia a la opinión o a los juicios ajenos ya que «la alegría que demuestra uno al recibir una buena crítica y la desazón que uno siente al recibir una negativa, son síntomas de que debe relativizarse». Según Shopenhauer, «un juicio nos hiere, aunque conocemos su incompetencia; una ofensa nos enfurece, aunque somos conscientes de su bajeza...».

Como se ha visto en el apartado sobre la adicción a la opinión ajena y la necesidad de ser aprobados por los demás, **en el momento en que nuestra autoestima depende de la opinión que formulan los otros, podemos desmoronarnos ante una mala crítica**.

Contra el hábito de criticar

Volviendo al doctor Wayne W. Dyer, en su obra más famosa invita al lector a realizar un trabajo de observación. «Al observarte a ti mismo y a la gente que está a tu alrededor, toma nota del tiempo que se le dedica a la crítica en las relaciones sociales. ¿Por qué? Porque sencillamente **es mucho más fácil hablar de cómo actúa otra persona que ser la que en realidad actúa.**» Sin embargo, según Dyer, no todo el mundo se pasa el día criticando al prójimo. Las personas que triunfan, las personas que hacen, crean y comparten no se comportan de esa manera. «¿Acaso se sientan tranquilamente a criticar a los demás? **Los verdaderos hacedores de este mundo no tienen tiempo para criticar a los demás.** Están demasiado ocupados haciendo cosas. Trabajan. Ayudan a los que no tienen tanto talento como ellos en vez de criticarlos.»

Para Wayne W. Dyer la crítica en sí no es negativa. Lo es la manera en que se critica y el motivo que nos lleva a hacerlo. «La crítica constructiva puede ser útil. Pero si has escogido el rol del observador en vez del hacedor, no estás creciendo. Más aún, **podría ser que estés usando tus críticas para absolverte a ti mismo de la responsabilidad por tu ineficiencia**, proyectándola en los que realmente están haciendo un esfuerzo.»

Como se ha apuntado antes, no todas las críticas son negativas. La crítica constructiva puede incluso ayudar a otra persona. Pero no todo el mundo sabe realizar una crítica de esas características. Para ello, se requiere una capacidad comunicativa y de respeto que a veces escasea entre las relaciones personales.

Por eso mismo es interesante echarle un vistazo a la obra cumbre de Dale Carnegie *Cómo hacer amigos e influir sobre las personas*, en la que expone ciertas pautas y consejos para tener una correcta comunicación.

UNA LEY DE ORO DE LA SOCIABILIZACIÓN

Entre las reglas fundamentales que Carnegie propone en su libro para tratar con el prójimo destaca **«Ni critique, ni condene ni se queje»**.

Según este experto en comunicación personal, la crítica provoca resentimiento en las personas. «La crítica es inútil porque pone a la otra persona a la defensiva, y por lo común hace que trate de justificarse. La crítica es peligrosa porque lastima el orgullo, tan precioso para la persona, hiere su sentido de la importancia y despierta su resentimiento.» Para Carnegie es importante, al tratar con las personas, tener en cuenta que los seres humanos pueden ser lógicos, pero son sobre todo seres emotivos. Una crítica ataca directamente nuestra emotividad y nos defendemos, imposibilitando de esa manera una relación o una comunicación sana.

Carnegie hace mención al psicólogo B. F. Skinner, quien mediante experimentos con animales comprobó que al premiar la buena conducta los animales aprenden más rápido que si se castiga su mala conducta. «Estudios posteriores probaron lo mismo aplicado a los seres humanos. **Por medio de la crítica nunca provocamos cambios duraderos, y con frecuencia creamos resentimiento.**» Por muy bien intencionada que sea una crítica, lo más probable es que no sea bien recibida y se cree una barrera comunicativa o un rechazo.

Para ejemplificar lo nocivo de este hábito, Carnegie recuerda que las críticas consiguieron que el novelista Thomas Hardy dejara de escribir, o que el poeta Thomas Chatterton acabara suicidándose, incapaz de aceptar más críticas. También menciona al carismático presidente Lincoln. Cuando agonizaba, su secretario de guerra dijo de él: «Aquí yace el más perfecto gobernante que ha conocido jamás el mundo». ¿Por qué mereció este elogio Lincoln? ¿Cómo lo consiguió?

Se dice que el joven Lincoln era propenso a realizar sátiras y críticas de varios personajes, entre los que se encontraba un político irlandés llamado James Shields. Cuando Shields supo quién había lanzado esas críticas burlonas, retó a Lincoln a duelo. Al ver las consecuencias de sus actos y de sus burlas, Lincoln comprendió que aquella no era manera de tratar a las personas. A partir de entonces, dejó de criticar y una de sus máximas favoritas pasó a ser, como apunta Carnegie: **No juzgues si no quieres ser juzgado.**

PIERNA BONITA, PIERNA FEA

Hay dos clases de personas en el mundo que, con igual grado de salud, riqueza y otras comodidades, son una feliz y la otra desgraciada. Esto nace principalmente de los diferentes puntos de vista desde los cuales consideran las cosas, las personas y los acontecimientos, y del efecto que esos diferentes puntos de vista les producen.

En cualquier situación en la que estén pueden hallar conveniencias y contrariedades, en cualquier compañía pueden encontrar personas y conversaciones más o menos complacientes. En cualquier mesa pueden disfrutar comidas y bebidas de mejor y peor sabor, platos mejor y peor condimentados. En cualquier clima hallarán tiempo bueno y tiempo malo, bajo cualquier gobierno tendrán leyes buenas y leyes malas, y aplicación buena y mala de esas leyes. En cada poema u obra de genio pueden hallar faltas y bellezas. En casi cada rostro y cada persona pueden descubrir bellos rasgos y defectos, cualidades buenas y malas.

En tales circunstancias, de esas dos clases de personas, las que han de ser felices fijan su atención en las conveniencias de las cosas, en las partes gratas de la conversación, los platos bien preparados, el tiempo bueno, etc. y lo disfrutan todo con alegría. Las que han de ser infelices piensan y hablan de contrariedades. De ahí que continuamente estén descontentas de sí mismas, y que con sus observaciones agríen los placeres de la sociabilidad, molesten personalmente a muchos y se hagan en todas partes desagradables. Si tal modo de ser estuviera fundado en la naturaleza, estas infelices personas serían las más dignas de compasión. Pero como la disposición a criticar y disgustarse acaso se toma originariamente por imitación, crece de modo inconsciente hasta trocarse en hábito, que puede curarse cuando los que lo tienen están convencidos de los malos efectos sobre su felicidad. Espero yo que esta breve advertencia pueda servirles y los decida a dejar una práctica cuyo ejercicio, si bien es principalmente un acto de imaginación, tiene sin embargo consecuencias serias en la vida, pues acaba en pesares y desgracias. Desagrada tanto esta clase de personas que nadie las estima.

Un viejo filósofo había crecido, por experiencia, muy cauteloso a este respecto, y evitaba con cuidado toda intimidad con tales gentes. Tenía, como otros filósofos, un termómetro que le indicaba las variaciones y un barómetro que le anunciaba cuándo era probable el buen y el mal tiempo. Mas no habiendo instrumento inventado para descubrir, a primera vista, esta disposición desagradable de una persona, para tal efecto él hacía uso de sus piernas, una de las cuales era notablemente bonita y la otra torcida y deformada a causa de algún accidente. Si un forastero, en la primera entrevista, miraba su pierna fea más que la bonita, ya dudaba de él. Si hablaba de aquella y no se fijaba en la pierna bella, eso era suficiente para que nuestro filósofo no tuviera en adelante más amistad con él. No todo cuerpo tiene este instrumento de dos piernas, pero cada uno, con un poco de atención, puede observar los signos de esa condición quisquillosa, descontenta, y tomar la misma resolución de evitar la amistad de los que padecen tal infección. Por lo tanto aconsejo a esos criticones, quejumbrosos, descontentos e infelices, que si desean ser respetados y queridos por otros, y ser felices, dejen de mirar la pierna fea.

BENJAMIN FRANKLIN

Para Carnegie es evidente una de las prácticas que se deben abandonar si se quiere tener una buena comunicación con el prójimo: «**En lugar de censurar a la gente, tratemos de comprenderla**. Tratemos de imaginarnos por qué hacen lo que hacen. Eso es mucho más provechoso y más interesante que la crítica; y de ello surge la simpatía, la tolerancia y la bondad».

Pero Carnegie no sólo propone cesar la crítica y la censura como técnica para tratar con el prójimo. De hecho, en su libro expone **tres técnicas fundamentales para tratar con el prójimo:**

1. No critique, no condene ni se queje
2. Demuestre aprecio hondo y sincero
3. Despierte en los demás un vivo deseo

El origen del más famoso manual para comunicadores

Al inicio de *Cómo hacer amigos e influir sobre las personas*, Dale Carnegie expone las razones que lo empujaron a realizar un trabajo sobre las habilidades comunicativas de las personas, tanto en su ámbito personal como en el laboral, enfocándolo sobre todo a dar pautas a los jefes y líderes de empresas en busca de una buena relación con sus trabajadores.

Dale Carnegie llevaba años dirigiendo cursos formativos para hombres y mujeres de negocios y profesionales en Nueva York. Al principio, estos cursos se centraban sobre todo en la oratoria, en cómo aprender a hablar en público.

Pero, en sus palabras, «a medida que pasaban los años, comprendí que por mucho que estos adultos necesitaran un aprendizaje para hablar de forma eficaz, necesitaban aún más el aprendizaje de ese bello arte de tratar con la gente, en los negocios y en sus contactos sociales. Comprendí también gradualmente que yo mismo necesitaba ese aprendizaje».

Consciente de que no sólo eran las personas de negocios quienes se enfrentaban al problema de tratar correctamente con la gente, sino también las amas de casa, los arquitectos o los profesionales liberales, decidió empezar a investigar sobre el tema. Cuando utiliza la frase de John D. Rockefeller «la habilidad para tratar con la gente es un artículo que se puede comprar, como el azúcar o el café», agregando de su cosecha: «Y pagaré más por esa capacidad que por cualquier otra», Carnegie quiere lanzar la pregunta de cómo es posible que no exista nadie que enseñe ese arte. Si una de las preocupaciones mayores de los adultos, después de la salud, es cómo llevarse bien con el prójimo, cómo comunicarse correctamente, ¿por qué nadie había creado un curso sobre aquello?

Carnegie empezó a estudiar biografías, artículos y libros para descubrir cómo habían tratado a las personas los grandes hombres de la historia. A partir de ese material, se iniciaron las charlas tituladas «Cómo ganar amigos e influir en la gente». Poco a poco, gracias a las experiencias que se fueron recogiendo en estas charlas y cursos, nació el libro que aún hoy se sigue reeditando.

MENÚ PARA LAS CRÍTICAS Y JUICIOS
OBJETIVO DE LA SEMANA

1. Proponte suspender por una semana el juicio sobre las personas que tienes a tu alrededor, a no ser que seas víctima de un ataque frontal que te obligue a valorar las intenciones del otro.
2. Durante esta misma semana, evitarás emitir crítica alguna sobre lo que son o hacen los demás.
3. Al finalizar la semana, evalúa cómo te sientes tras haber incorporado esta pauta a la «dieta».
4. Si te ves obligado a censurar a alguien, compensa cada crítica con dos elogios, para así preservar el orgullo de esa persona.

8

La ira y el odio

Luisa ha tenido muchos problemas a lo largo de su vida debido a su genio. Le cuesta dominarse, y cuando se siente víctima de una injusticia o se ve atacada reacciona al instante. Es incapaz de dejar un espacio de reflexión entre el estímulo que recibe como amenazador y su respuesta.

Sus arranques de ira le han hecho perder ya varias parejas y por el mismo motivo le cuesta mantener su puesto de trabajo. Hablando a posteriori con su madre, se da cuenta de que muchas de sus reacciones son desproporcionadas, y desearía poder viajar al pasado para contener estas explosiones de rabia que tanto la perjudican.

Sin embargo, el campo de batalla lo tiene ante sí, en el reto de contener la próxima rabieta.

UNA OLLA A PUNTO DE EXPLOTAR

Ya desde la antigüedad los pensadores se preguntaron por uno de los sentimientos más negativos del ser humano: la ira. Aristóteles decía que la ira es el deseo de causar daño como devolución de otro daño recibido. Posteriormente, el filósofo romano Séneca escribió el libro *Sobre la ira*, en el que dice que la ira es una pasión temible por ser sombría y desenfrenada, con sed de daño. Compara sus efectos con los de la locura. Declara que el hombre iracundo se pone rojo, se le inflaman los ojos, le hierve la sangre, le tiemblan los labios, se le eriza el cabello.

Para Séneca, la ira, que sólo es propia de los seres humanos, «nada tiene de virtuoso, destruye ciudades, mata a personas, arruina naciones». **No brota solamente de la ofensa** —como apuntaba Aristóteles al considerarla como devolución de un daño recibido—, **sino de la posibilidad de que ésta ocurra**. Enseña que conviene sofocarla, reprimirla y no dejarse dominar por ella.

Entre las definiciones actuales que se dan de la ira, encontramos la de la filósofa Begoña Román, quien considera la ira como «un sentimiento negativo reactivo». La diferencia que hay entre enfadarse y sentir ira es que ésta última es una acumulación de pequeños enfados que acaba por explotar. Porque la ira puede comportarse, dice Román, «como una olla a punto de explotar que salpica a los que están cerca».

El Dalai Lama afirma que «la ira nace del temor, y éste de un sentimiento de debilidad o inferioridad. Si usted posee coraje o determinación, sentirá poco temor y, en consecuencia, se sentirá menos frustrado y enojado».

El experto en budismo Robert Thurman publicó un libro titulado *Ira*, en el que habla de este pecado capital tan nocivo para el ser humano. En este libro, Thurman señala que, en Occidente, el sentimiento de ira se ha llegado a considerar como inevitable en la vida.

Sin embargo, esta emoción tan dañina puede ser sofocada y canalizada de forma creativa para resolver los conflictos en lugar de empeorarlos.

HERRAMIENTAS PARA DOMINAR LA IRA

- **Aprender a relajarse.** Las técnicas de relajación y de respiración pueden ayudar a reducir la excitación y agitación físicas que se desencadenan con la ira. Cuando se consigue estar más calmado, y la persona se toma un tiempo antes de reaccionar, puede ser más dueña de la situación y verla con una perspectiva más ecuánime.
- **Utilizar el cuerpo.** Se trata de expresar y dejar salir la rabia de manera inocua. Cuando se está a solas uno puede preguntarse qué es lo que tendría ganas de hacer para descargar su ira. Puede ser que le apetezca chillar, despotricar, dar golpes a un cojín, correr unos kilómetros...
- **Expresarse de manera asertiva.** En el acto de nombrar y expresar el propio punto de vista, lo que se siente, se realiza una importante descarga. Esto permite afirmarse, asumir los propios sentimientos teniendo en cuenta también las necesidades y los sentimientos de la otra persona.
- **Tomar distancia.** Ante una situación que despierta una ira intensa puede resultar útil tomar distancia: irse a dar un paseo, pedir un tiempo para que los ánimos se calmen...
- **Emplear la palabra.** Se puede pedir a un amigo que escuche cómo hablamos acaloradamente de lo que nos disgusta. Antes le comunicaremos que sólo necesitamos su escucha, y que es preferible que no emita ningún juicio durante nuestro monólogo.

CRISTINA LLAGOSTERA

EL ODIO LATENTE

Alice Miller fue una psicóloga que se especializó en los efectos del maltrato. Autora del libro *El origen del odio*, Miller explica que «el odio puede envenenar un organismo pero únicamente si es inconsciente y lo dirigimos hacia personas de sustitución, es decir, hacia víctimas propiciatorias, puesto que de esta manera no puede extinguirse».

Miller se refiere sobre todo al peligro del odio latente. Por ejemplo, «tal vez si odio a los trabajadores emigrantes es porque no puedo permitirme darme cuenta de que mis padres me maltrataron en mi infancia, dejándome llorar durante horas y horas cuando sólo era un bebé o sin dirigirme jamás una mirada cariñosa. Sufro entonces de un odio latente que puede acompañarme durante toda la vida y producirme diversos trastornos psíquicos».

El odio latente es peligroso porque se puede transferir y entonces no se dirige hacia la persona que causó el sufrimiento que despierta dicho odio, sino que se dirige hacia un sustituto.

EL CIRCUITO DE LA IRA: DOS EJEMPLOS DE CINE

En 1980, el director Martin Scorsese retrataba al personaje de Jake LaMotta en *Toro salvaje*. LaMotta es un joven boxeador que se entrena junto a su hermano y mánager Joey. Su sueño es convertirse en campeón de los pesos pesados. Pero Jake es una persona paranoica y violenta que descarga su agresividad tanto dentro como fuera del ring. Su hermano y su mujer son dos de las víctimas de su carácter. Una escena que ilustra a la perfección cómo se puede alimentar la ira y perder la cabeza es la siguiente:

> [Tras haber hablado con su hermano sobre un incidente ocurrido en Copacabana, Jake empieza a sospechar que su mujer le ha sido infiel con otros hombres, incluido su hermano. Éste es el diálogo que inician.]

Jake LaMotta: ¿Dónde has estado?

Vicky: En casa de mi hermana.

J: ¿A dónde fuiste después?

V: Al cine.

J: ¿Qué fuiste a ver?

V: *El Padre de la Novia.*

J: ¿Por qué no me contaste lo que pasó en el club?

V: ¿Contarte qué?

J: Ya lo sabes. ¿Por qué no me lo contaste? ¿Por qué no?

V: ¿De qué estás hablando?

[...]

J: ¿Te tiraste a mi hermano?

V: ¡Suéltame, cerdo asqueroso!

J: ¿Lo hiciste?

V: ¡No!

[Ella se encierra en el lavabo, huyendo de él.]

J: Abre la puerta.

V: ¡Lárgate!

J: Quiero hablar.

V: Estás loco.

J: ¿Por qué te tiraste a Joey?

V: ¡Lárgate!

J: Ábreme.

V: No.

Al final, Jake tira la puerta abajo de un golpe y amenaza a su mujer, que acaba confesando falsamente que se acostó con Joey y con muchos otros. Consciente de que su marido está perdiendo la cabeza, en vez de negar lo ocurrido, lo alienta, le da detalles y él se enciende. Sale a la calle y va a por su hermano, a quien le pega una paliza.

Con esta escena, se puede comprobar cómo el miedo, la desconfianza o los celos pueden desatar un sentimiento como la ira y llevarla a niveles en los que se pierde por completo el control.

Otra película memorable que trata sobre el problema de la ira es *Un día de furia*, de Joel Schumacher. En ella, un hombre corriente, Bill Foster, acaba perdiendo la cabeza.

Agobiado por el calor y el colapso del tráfico, de repente un ciudadano ejemplar se rebela violento y destructivo contra todo lo que lo rodea. ¿Por qué? Porque no puede más.

Y es que la ira también puede aparecer cuando se llega al límite y uno se da cuenta de que no puede seguir así. Antes de que nos domine y nos haga hacer cosas de las que nos arrepentiremos mucho tiempo, conviene identificarla y suspender toda acción o comentario.

Es el momento de callar y, si es necesario, aislarnos hasta que nos abandone la furia y podamos volver a razonar. Sólo así dejaremos de ser nuestros peores enemigos.

MENÚ PARA LA IRA Y EL ODIO
OBJETIVO DE LA SEMANA

1. A no ser que esté en juego tu supervivencia, proponte no exteriorizar un solo enfado a lo largo de la semana.
2. Si te domina la ira, no hables. En ese caso, aplícate el proverbio japonés: «Lo que tengas que decir, dilo mañana».
3. Si estás en desacuerdo con algo, comunícalo sin levantar la voz y permitiendo al otro expresar sus argumentos para llegar a un entendimiento.
4. Antes de odiar a alguien, trata de identificar qué hay en esa persona que hace espejo de ti, ya que de los demás suele molestarnos aquellos defectos que nosotros tenemos.

9

Hostilidad y prejuicios

Leonardo acude de mala gana al colmado pakistaní de al lado de su casa. Muchas veces no tiene más remedio que comprar allí, ya que vive en una zona donde los supermercados quedan muy lejos y apenas hay comercios. Aun así, le molesta que cuando va a comprar encuentre siempre al dueño mirando programas de televisión de su país. Le parece una falta de respeto hacia la cultura que lo acoge. Ni una sola vez ha visto que conectara una emisora nacional, como si no quisiera saber nada de nuestro modo de vida. Por eso habla el idioma sólo lo justo.

Su visión del colmado pakistaní cambia el día que sufre un desmayo dentro del local y es atendido por el dueño como si se tratara de un familiar. Leonardo descubrirá que la cultura que tanto despreciaba tiene valores muy positivos que la suya ha perdido.

EL MIEDO A LO DESCONOCIDO

Daniel Goleman expone en su libro *Inteligencia social*, mencionado anteriormente, un ejemplo sobre cómo empieza a desarrollarse en la comunidad y en el individuo la hostilidad y los prejuicios:

> El doctor Vamik Volkan es un psiquiatra de la Universidad de Virginia que todavía recuerda su infancia en el seno de una familia turca de la isla de Chipre, amargamente dividida entre dos comunidades, la griega y la turca. Cuando era niño, el doctor Volkan oyó rumores de que cada uno de los nudos del cinturón del sacerdote griego de la localidad representaba a niños turcos que había estrangulado con sus propias manos, y todavía recuerda el tono de consternación con el que le contaron la forma en que sus vecinos griegos comían cerdo, una carne considerada impura por la cultura turca. Hoy en día, como estudioso de los conflictos étnicos, Volkan ilustra con sus recuerdos infantiles la forma en que los odios y los prejuicios intergrupales se perpetúan de generación en generación. A veces, especialmente en aquellos casos en los que exista una larga historia de enemistad, la fidelidad al propio grupo exige el precio psicológico de la hostilidad hacia otra comunidad.

De acuerdo con este psicólogo de Harvard, empezamos a instaurar nuestros prejuicios a una edad tan temprana —normalmente a partir de la infancia— que no somos conscientes de que cargamos con estos filtros emocionales negativos. Al llegar a la edad adulta, estas ideas preconcebidas están tan sólidamente arraigadas dentro de nosotros que no somos conscientes de que las hemos adquirido a través de nuestra familia y del entorno en el que hemos crecido.

Los prejuicios se han convertido en la lente a través de la cual vemos el mundo y, por lo tanto, no los sabemos separar de nuestra mirada. Sobre esto Goleman afirma:

Según afirma Thomas Pettigrew, un psicólogo social de la Universidad de California en Santa Cruz que se ha dedicado durante varias décadas al estudio de los prejuicios, «las emociones propias de los prejuicios se consolidan durante la infancia, mientras que las creencias que los justifican se aprenden muy posteriormente. Si usted quiere abandonar sus prejuicios advertirá que le resulta mucho más fácil cambiar sus creencias intelectuales al respecto que transformar sus sentimientos más profundos. No son pocos los sureños que me han confesado que, aunque sus mentes ya no sigan alimentando el odio en contra de los negros, no por ello dejan de experimentar una cierta repugnancia cuando estrechan sus manos. Los sentimientos son un residuo del aprendizaje al que fueron sometidos siendo niños en el seno de sus familias».

De acuerdo con el doctor en psicología social de Harvard Gordon Allport, de quien fue discípulo Thomas Pettigrew, la amistad y el contacto sostenido socaban los cimientos de los prejuicios.

Siguiendo este postulado, Pettigrew realizó un análisis centrado en el tipo de contacto que puede eliminar la hostilidad intergrupal. Dicha investigación, comenta Goleman, «ha puesto significativamente de relieve que la proximidad entre miembros de grupos divididos reduce los prejuicios. Pero para modificar los prejuicios hostiles no basta con el mero contacto casual en la calle o en el trabajo. El requisito esencial para vencer los prejuicios es, según Pettigrew, la conexión emocional que, con el tiempo, va generalizándose a todos ellos. Los europeos que, por ejemplo, mantienen buenas amistades con gente perteneciente a un grupo étnico enfrentado, como sucede, por ejemplo, en los casos de alemanes y turcos, franceses y norteafricanos o británicos e indios, muestran muchos menos prejuicios hacia el otro bando como totalidad».

Dicho en lenguaje llano: **tememos y odiamos aquello que desconocemos.** Veamos ahora dos magníficos ejemplos literarios sobre esta lacra que está detrás de los conflictos más sangrantes de la humanidad.

La utilidad de los bárbaros

Esperando a los bárbaros es uno de los poemas más conocidos y citados de Konstantinos Kavafis, poeta griego de finales del siglo XIX y principios del XX. Sus versos aluden al desmoronamiento del Imperio romano, pero entre sus líneas puede leerse una crítica a la sumisión, al temor a lo lejano y desconocido o a la corrupción moral.

Merece la pena leer con atención esta pequeña obra maestra de la poesía moderna:

> *¿Qué esperamos congregados en el foro?*
> *Es a los bárbaros que hoy llegan.*
>
> *¿Por qué esta inacción en el Senado?*
> *¿Por qué están ahí sentados sin legislar los senadores?*
> *Porque hoy llegarán los bárbaros.*
> *¿Qué leyes van a hacer los senadores?*
> *Ya legislarán, cuando lleguen, los bárbaros.*
>
> *¿Por qué nuestro emperador madrugó tanto*
> *y en su trono, a la puerta mayor de la ciudad,*

está sentado, solemne y ciñendo su corona?
Porque hoy llegarán los bárbaros.
Y el emperador espera para dar
a su jefe la acogida. Incluso preparó,
para entregárselo, un pergamino. En él
muchos títulos y dignidades hay escritos.

¿Por qué nuestros dos cónsules y pretores salieron
hoy con rojas togas bordadas;
por qué llevan brazaletes con tantas amatistas
y anillos engastados y esmeraldas rutilantes;
por qué empuñan hoy preciosos báculos
en plata y oro magníficamente cincelados?
Porque hoy llegarán los bárbaros;
y espectáculos así deslumbran a los bárbaros.

¿Por qué no acuden, como siempre, los ilustres oradores
a echar sus discursos y decir sus cosas?
Porque hoy llegarán los bárbaros y
les fastidian la elocuencia y los discursos.

¿Por qué empieza de pronto este desconcierto
y confusión? (¡Qué graves se han vuelto los rostros!)
¿Por qué calles y plazas aprisa se vacían
y todos vuelven a casa compungidos?
Porque se hizo de noche y los bárbaros no llegaron.
Algunos han venido de las fronteras
y contado que los bárbaros no existen.

¿Y qué va a ser de nosotros ahora sin bárbaros?
Esta gente, al fin y al cabo, era una solución.

Trasladado a la problemática actual, «los de fuera» nos sirven para eludir nuestras responsabilidades como sociedad y como personas individuales. Culpamos de la crisis y el paro a la mano de obra extranjera, del mismo modo que muchas personas incapaces de gobernar su propia vida ven culpables por todas partes.

¿Qué pasará cuando nos demos cuenta de que los bárbaros somos nosotros?

LA FORTALEZA ABSURDA EQUIVALE A LA DEBILIDAD

El concepto de «bárbaro» proviene del griego y se refiere a aquellos que balbucean, es decir, a aquellos que no hablaban griego, de lo que podría extraerse que se referían a los incultos, a los diferentes o a los extranjeros.

Kavafis no es el único que recupera ese concepto de «bárbaro» para hacer una crítica al odio y a la hostilidad del ser humano hacia los distintos, hacia los extranjeros. El premio Nobel de Literatura, J. M. Coetzee también hace referencia a ellos en el título de una de sus novelas, que coincide con el del poema de Kavafis: *Esperando a los bárbaros*.

En esa novela, Coetzee expone, a través de la voz de un magistrado que narra los hechos, un mundo donde el Imperio, no importa cuál, dice que los bárbaros les van a atacar. Como aseguran que el ataque se producirá, envían policías a un pueblo fronterizo con la misión de detener a todo aquel que sea diferente, sea o no bárbaro, lo cual desatará conflictos cada vez mayores.

Otra novela que planea sobre el mismo tema, aunque

desde un punto de vista más melancólico y existencial, es *El desierto de los tártaros* de Dino Buzzati.

En esta obra, Buzzati aborda la vida del suboficial Giovanni Drogo, destinado a la fortaleza Bastiani, donde un aburrido destacamento militar vigila la frontera norte en los límites del «desierto de los tártaros». El joven oficial languidece en el fuerte donde los hombres cuentan los días, meses y años bajo una rutina idéntica y absurda. En el horizonte, la esperanza y la promesa de la gloria que les va a llegar el día que el ataque de los tártaros se haga efectivo.

Mientras aguarda ese momento crucial que se retrasa indefinidamente en el tiempo, el oficial Drogo va consumiendo los mejores años de su vida, un ascenso tras otro, en medio del desierto.

En su puesto de vigía ante la llanura desértica, los vigilantes de la fortaleza Bastiani creen percibir de vez en cuando movimientos de tropas enemigas. Al final de esta triste historia, cuando al fin parece que va a llegar la hora de la gloria, Drogo está tan viejo y enfermo que es evacuado del campo de batalla antes de que pueda cumplir el sueño de su vida.

Una existencia perdida para nada.

> Poco a poco se iba debilitando la confianza. Resulta difícil creer en algo cuando estamos solos y no podemos hablar con nadie al respecto. Precisamente por aquel tiempo se dio cuenta Drogo de que los hombres, aun cuando se estimen, permanecen siempre distantes, de que si uno sufre, el dolor es totalmente suyo, ningún otro puede hacerse cargo ni siquiera de una parte mínima, de que, si uno sufre, no por ello sienten los otros dolor, aun cuando haya gran amor de por medio, y eso provoca la soledad de la vida.

La fortaleza acabará enseñando a Drogo la debilidad de alguien que no tuvo la empatía suficiente para hacer una vida normal junto a otras personas. Amar, tener hijos, amigos... todo ello ha sido cambiado por el fantasma de los tártaros. Siempre es más fácil convivir con fantasmas que con personas de carne y hueso.

SOBRE LA EMPATÍA

La empatía (del griego antiguo εμπαδεια, formado εν, «en el interior de», y πάφος, «sufrimiento, lo que se sufre»), es nuestra capacidad para percibir lo que otro individuo puede sentir.

Para Daniel Goleman, «la conciencia de uno mismo es la facultad sobre la que se erige la empatía, puesto que, **cuanto más abiertos nos hallemos a nuestras propias emociones, mayor será nuestra destreza en la comprensión de los sentimientos de los demás.** Los alexitímicos no tienen la menor idea de lo que sienten y por lo mismo también se encuentran completamente desorientados con respecto a los sentimientos de quienes les rodean. Son, por así decirlo, sordos a las emociones y carecen de la sensibilidad necesaria para percatarse de las notas y los acordes emocionales que transmiten las palabras y las acciones de sus semejantes. Confundidos, pues, acerca de sus propios sentimientos, los alexitímicos son igualmente incapaces de percibir los sentimientos ajenos».

Es decir, **cuanto más nos entendamos a nosotros mismos, mejor nos entenderemos con los demás.**

La filósofa Edith Stein, cuya tesis doctoral se tituló *El*

problema de la empatía, definió ésta como **«la experiencia del estado de consciencia de los otros».**

Cuando Theodore Lipps presentó el concepto de empatía (*Einfühlung*), puso énfasis en la «imitación interior» de las acciones de los demás a la hora de poseer este don: «Comparado con los individuos no empáticos, los individuos empáticos muestran una mayor imitación no consciente de las posturas, maneras y expresiones faciales de otros. Esta representación de la acción de los otros modula y forma los contenidos emocionales de la empatía».

Dicho de otro modo, las personas empáticas pueden absorber muchos detalles valiosos que permiten interpretar y entender al otro. En ello intervienen las llamadas «neuronas espejo», que se activan cuando observamos a otra persona que está viviendo la misma emoción que nosotros.

A este respecto, Goleman cita un experimento que se llevó a cabo para demostrar que la empatía puede medirse incluso en un nivel físico:

> El estudio de Levenson se realizó con parejas casadas que debían tratar de identificar qué era lo que estaba sintiendo su cónyuge en el transcurso de una acalorada discusión. El método era muy sencillo ya que, mientras los miembros de la pareja discutían alguna cuestión problemática que afectara al matrimonio —la educación de los hijos, los gastos, etcétera—, eran grabados en vídeo y sus respuestas fisiológicas eran también monitorizadas.
>
> El mayor grado de empatía tenía lugar en aquellos matrimonios cuya respuesta fisiológica coincidía, es decir, en aquéllos en los que el aumento de sudoración de uno de los cónyuges iba acompañado del aumento de sudoración del

otro, y en los que el descenso de la frecuencia cardiaca del uno iba acompañado del descenso de la frecuencia del otro. En suma, era como si el cuerpo de uno imitara, instante tras instante, las reacciones sutiles del otro miembro de la pareja. Pero, cuando estaban contemplando la grabación, no podría decirse que tuvieran una gran empatía para determinar lo que su pareja estaba sintiendo. Es como si sólo hubiera empatía entre ellos cuando sus reacciones fisiológicas se hallaban sincronizadas.

El decálogo de la empatía

Aunque algunas personas son naturalmente empáticas, esta virtud se puede educar y potenciar como cualquier otra capacidad humana. Estas diez claves nos enseñan cómo superar la rigidez y acercarnos a los sentimientos y motivaciones de los demás:

1. **Escuchar sin pantallas mentales:** Uno de los obstáculos para comprender a los demás es interrumpirles constantemente mientras están hablando. Incluso cuando estamos en silencio, eso no significa que efectivamente escuchemos, ya que si ponemos entre nuestro interlocutor y nosotros pantallas mentales —opiniones, prejuicios o expectativas— no lograremos una comunicación profunda.

2. **Evitar dar consejos que no nos han pedido:** Para alguien que se está sincerando puede ser molesto que le juzguemos o le digamos lo que debe hacer, a menos

que así nos lo haya solicitado. Esta actitud puede ser interpretada como prepotencia, ya que parte de la presunción de que estamos más capacitados para decidir que la otra persona.

3. **Preguntar con delicadeza:** Un detonante de la empatía es interesarse por el mundo del otro sin que por ello se sienta invadido. Si escuchamos con atención, sabremos en qué momentos podemos introducir una pregunta que nos permita ahondar en la cuestión que estamos tratando.

4. **Expresar los propios sentimientos:** Para que se establezca un clima de confianza y complicidad, ambas personas deben poner las cartas sobre la mesa. Abrirte a tu interlocutor es una manera sutil de invitarle a él a hacerlo, ya que estaremos imprimiendo un nuevo tono emocional al encuentro.

5. **Mostrar afecto:** Sin necesidad de fingir algo que no sentimos, una actitud cálida y cariñosa es un terreno fértil para el intercambio de opiniones y sentimientos. Hay que huir, sin embargo, de actitudes paternalistas que rompan la igualdad entre ambas partes.

6. **Tener paciencia:** Una aproximación inoportuna o demasiado rápida puede coartar a la otra persona, que tal vez tenga un ritmo diferente al nuestro. A veces necesitaremos realizar pequeñas —y discretas— avanzadillas para lograr compenetrarnos con ella.

7. **Ser indulgente con los demás:** Nada frustra tanto la comunicación como una actitud reprobadora que saca a relucir los fallos ajenos. En los cursos de inteligencia emocional suele ponerse el ejemplo del conferenciante

al que alguien hace el comentario: «Tiene usted una mancha en la camisa», lo que rompe de inmediato el buen clima de comunicación. Las personas empáticas cuidan en todo momento que aquellos que les rodean se sientan cómodos y relajados.

8. **Prestar atención al lenguaje no verbal:** Los pequeños gestos corporales nos dan una información muy valiosa sobre el estado anímico del otro. Un signo de impaciencia o irritación, por ejemplo, es señal inequívoca de que estamos importunando a la otra persona con nuestra actitud. Si sabemos leer estos avisos, podremos rectificar a tiempo.

9. **Renunciar a la negatividad:** Una actitud pesimista —sobre todo cuando se refiere a los planes e ilusiones del otro— dinamita la empatía, ya que nuestra presencia será vista como una amenaza. Por el mismo motivo hay que poner énfasis en aquellos aspectos que nos unen al otro en lugar de insistir en las posibles diferencias.

10. **Cargar con la culpa:** Puntualmente, cuando se ha creado una situación difícil entre dos personas, la que posea más empatía puede abrir brecha asumiendo parte de la culpa, aunque no la tenga. A menudo esto sirve para que el otro deje de estar a la defensiva y reconozca —aunque sea con retraso— sus propios errores. Reconocer que somos imperfectos humaniza la relación y le proporciona un tono menos rígido y más rico emocionalmente.

MENÚ PARA LA HOSTILIDAD Y LOS PREJUICIOS
OBJETIVO DE LA SEMANA

1. Visiona al menos una película o lee una novela cuyo autor pertenezca a una tradición muy distinta a la tuya. Preferiblemente, una cultura que te inspire aversión.
2. Analiza los valores principales que se derivan de la obra y contrástalos con los tuyos. ¿Son tan diferentes?
3. Como reto para tu empatía, mantén una conversación mínimamente larga con alguien con quien crees que no tienes nada que ver.
4. Valora luego si se ven confirmados tus prejuicios o si se produce algún cambio en vuestra relación.

10

El ego

Cristina hace tiempo que padece una depresión moderada, pero que no le deja disfrutar de la vida. Todos sus parámetros existenciales arrojan un saldo negativo. No está contenta con su trabajo, ya que por sus capacidades cree que merecería un mayor rango en la empresa. Se siente alejada de sus amigos, ya que han dejado de prestar atención a sus problemas y van todos a la suya.

Por otra parte, tiene dificultades para encontrar pareja estable, ya que los hombres parecen aburrirse con su conversación y, tras la novedad de los encuentros sexuales, emigran hacia otras mujeres.

Tras iniciar una terapia, Cristina descubrirá que subsiste encerrada en su propio ego. Para mejorar su calidad de vida tendrá que dejar de reivindicarse, como si estuviera en campaña personal permanente, para fundirse con los demás.

LA CONCIENCIA SIN FRONTERAS

Todas las religiones orientales inciden en el papel del ego como detonante del sufrimiento humano. **Creer que noso-**

tros estamos en un lugar y el resto del mundo en otro genera toda clase de fricciones y las consiguientes emociones negativas. Por eso invitan a sus creyentes a superar esta barrera.

En su libro *One Taste*, Ken Wilber —un autor clave en la psicología transpersonal— explica así a qué hace referencia cuando habla de trascender el ego:

> Precisamente porque el ego, el alma y el Yo (*Self*) pueden estar presentes al mismo tiempo, no será difícil comprender el sentido verdadero de ausencia del ego —expresión que viene causando inmensa confusión—. Ausencia del ego no significa ausencia de un yo (*self*) funcional (lo cual sería propio de un psicótico y no de un sabio); significa que ya no estamos identificados exclusivamente con aquel yo. [...]
>
> Trascender el ego significa, pues, en verdad trascenderlo, pero incluirlo en una implicación más profunda y más elevada. [...] Y esto no significa, por tanto, librarse del pequeño ego, sino, al contrario, habitar en él plenamente, vivirlo con entusiasmo, usarlo como vehículo necesario a través del cual puedan ser transmitidas las grandes verdades.

Es decir, bajar del pedestal pero sin renunciar a lo que uno es. O como dice el dicho popular: «Si vas a Roma, haz de romano sin dejar de ser tú mismo».

Sobre esto, en un libro aún más célebre del mismo autor, *La conciencia sin fronteras*, Wilber teoriza de este modo sobre la actitud defensiva —y en realidad agresiva— que asumimos cuando tratamos de diferenciarnos de los demás:

> Lo que aquí importa es que cuando un individuo dibuja los límites de su alma, establece al mismo tiempo las

batallas de su alma. Los límites de la identidad de un individuo demarcan qué aspectos del universo han de ser considerados «uno mismo», y cuáles serán considerados «lo que no es uno», «diferente de uno mismo». De manera que en cada nivel del espectro son diferentes los aspectos del mundo que se le aparecen al individuo como «lo que no soy», lo ajeno y extranjero. Cada nivel ve diferentes procesos del universo como extraños a él. Y puesto que, como en cierta ocasión señaló Freud, todo extraño parece un enemigo, cada nivel está potencialmente comprometido en diferentes conflictos con diversos enemigos. Recuérdese que toda línea limítrofe es también una línea de batalla... y que en cada nivel el enemigo es diferente. Dicho en la jerga psicológica, los diferentes «síntomas» se originan en distintos niveles.

Haciendo honor al título del libro, Wilber propone abolir todas estas líneas de batalla para que cesen los conflictos y pueda aflorar la conciencia sin fronteras:

> Revelar que la realidad es lo que no tiene fronteras es, pues, revelar que todos los conflictos son ilusorios. Y a este entendimiento final se le llama nirvana, moksha, liberación, iluminación, satori: liberación de los pares opuestos, liberación de la visión hechicera de la separación, liberación de las cadenas ilusorias de las propias limitaciones. Y con este entendimiento, estamos ahora en condiciones de examinar esta aprehensión o percepción de lo que no tiene fronteras, a la que comúnmente se llama «conciencia de unidad», [...] hemos visto que el descubrimiento del mundo real de lo que carece de fronteras es consciencia de unidad.

Morir por el ombligo

Una fábula moderna de autor desconocido cuenta que un científico descubrió el arte de reproducirse a sí mismo tan perfectamente que resultaba imposible distinguir el original de la copia.

Un día se enteró de que andaba buscándole el Ángel de la Muerte, y entonces hizo doce copias de sí mismo.

El Ángel no sabía cómo averiguar cuál de los trece ejemplares que tenía ante sí era el científico, de modo que los dejó a todos en paz y regresó al cielo.

Pero no por mucho tiempo, porque, como era un experto en la naturaleza humana, se le ocurrió una ingeniosa estratagema.

Regresó de nuevo y dijo:

—Debe de ser usted un genio, señor, para haber logrado tan perfectas reproducciones de sí mismo, sin embargo, he descubierto que su obra tiene un defecto, un único y minúsculo defecto.

El científico pegó un salto y gritó:

—¡Imposible! ¿Dónde está el defecto?

—Justamente aquí —respondió el Ángel mientras tomaba al científico de entre sus reproducciones y se lo llevaba consigo.

Todo lo que hace falta para descubrir al «ego» es una palabra de adulación o de crítica.

La ilusión del ego

El filósofo Jiddu Krishnamurti abordaba a menudo este tema en sus charlas, y el profesor P. Krishna, que fue rector en uno de los centros de este maestro en la India, diseccionaba de esta manera el tema:

> El ego nace de la ilusión de que pensamos que si trabajamos por interés propio, nos beneficiaremos. Realmente si usted trabaja por interés propio, lo cual significa a fin de recibir reconocimientos, tener más poder, tener más dinero, una mejor reputación, ello baja la calidad de su vida. Nosotros queremos todo eso a fin de ser felices, pero la felicidad se destruye por el enfoque egoísta y por lo tanto la calidad de su vida se ve reducida. ¡Así que es una ilusión pensar que enfocar la vida con interés propio es nuestro propio interés!

Si nos fijamos en qué personas son más felices, sin duda llegaremos a la conclusión de que aquéllas que tienen la capacidad de darse a más personas. Difícilmente encontraremos la expresión de la felicidad en un viejo avaro y solitario, o en un extremista que ve amenazas por todas partes a su alrededor.

Y eso por una razón muy simple: la borrachera de ego siempre es tóxica. Es imposible vivir encerrado dentro de los propios problemas, conflictos y necesidades sin que estos se empozoñen. La mente es como un recipiente que necesita vaciar periódicamente sus propios contenidos. Y eso se consigue básicamente llenándose de los demás.

La ecuación es muy simple: **cuanto más nos entregamos a otras personas a nuestro alrededor, más nos olvidamos de nuestros propios problemas, con la consiguiente reducción del ego y del sufrimiento.**

Este es un beneficio que experimentan enseguida los padres que descubren el placer y alivio de entregarse a sus pequeños, con lo que su ego deja de estar en el primer plano del campo de batalla.

Llenarse de los demás para vaciarse de uno mismo, esa es una de las claves más importantes para la sanación emocional.

MENÚ PARA EL EGO
OBJETIVO DE LA SEMANA

1. Proponte pensar sólo en aquellos problemas que requieren una solución inmediata dentro del mismo día o semana. Fuera de estos temas, aparta cualquier reflexión que tenga que ver con tus necesidades y carencias.

2. Escucha activamente al menos a una persona cada día. Con escucha activa nos referimos a poner el 100 % de nuestra atención en lo que nos está diciendo, sin que nuestro juicio se cuele en el discurso. Queda descartado, por lo tanto, cualquier análisis o preparar la pregunta que haremos a esta persona.

3. Comprueba el efecto relajante de desconectar, aunque sólo sea por unos minutos, de ti mismo.

11

Anclarse en el pasado

Pedro carga con el trauma del maltrato recibido de su padre durante su infancia. Pese a que es percibido por su entorno como un hombre tranquilo y amable, nunca ha querido formar pareja estable ni tener hijos por miedo a reproducir en su familia el maltrato físico recibido de su progenitor.

Acaba de conocer a una mujer de su edad con la que existe una gran sintonía y complicidad. Le ha revelado sus temores, pero ella opina que cada persona es libre y no está obligada a reproducir los errores de sus antepasados.

Cuando se cumplen tres meses de su primera cita, ella le regala un ejemplar del ensayo Los patitos feos, *de Boris Cyrulnik.*

LA CULPA

El pasado nos visita a menudo en forma de agradable nostalgia, pero también a través de la culpa que nos ata a aquello que ya no tiene solución, pues ha pasado a formar parte de lo que queda atrás.

Según el psicólogo Nathaniel Branden, de quien ya hemos hablado, cuando nos labramos un concepto de nosotros mismos resistente y positivo más allá de la aprobación de los demás, es importante vigilar «el modo en que usted piensa acerca de su conducta; sobre todo en los momentos en que se inclina a acusarse a sí mismo. **Es obvio que la culpa destruye la autoestima positiva»**.

En su libro *Cómo mejorar su autoestima*, Branden expone algunas de las razones por las que podemos sentirnos culpables:

> Nos sentimos culpables cuando:
> 1. Al contemplar algo que hemos hecho o dejado de hacer, experimentamos un sentimiento de minusvalía.
> 2. Nos vemos impulsados a racionalizar o justificar nuestra conducta.
> 3. Nos ponemos a la defensiva, en actitud combativa, cuando alguien menciona la conducta en cuestión.
> 4. Nos resulta difícil y penoso recordar o examinar la conducta.

Pero ¿qué nos impulsa a sentirnos culpables? ¿Según qué parámetros nos juzgamos, los propios o los de otros?

Tal como expone Branden:

> **Gran parte de lo que se llama culpa tiene que ver con la desaprobación o la condena de otros**; no siempre es aconsejable tomar las declaraciones de culpa (las nuestras o las de los demás) al pie de la letra. Con frecuencia, cuando alguien declara: «Me siento culpable por esto y por esto», lo que en realidad quiere decir, aunque rara vez lo reconoce, es: «Tengo miedo de que si mamá o papá (o alguna otra persona importante) se entera de lo que he hecho, me critique, repudie o condene».

A veces, continua Branden, las declaraciones de culpa no son tanto el miedo a la opinión y la censura de los otros como una cortina de humo para ocultar emociones negativas como el resentimiento de las cuales la persona no es consciente.

Si nos limitamos a castigarnos, a despreciarnos, y luego no pensar más en ello, deterioramos nuestra autoestima y aumentamos la probabilidad de poseer menos integridad personal en el futuro. Un mal concepto de uno mismo es una profecía que siempre acaba cumpliéndose: provoca en nosotros una mala conducta. No mejoramos diciéndonos que estamos corruptos. Nuestras acciones son un reflejo del sujeto y la entidad que pensamos que somos. Necesitamos aprender, pues, una reacción alternativa frente a nuestras faltas, que es más útil para nuestra autoestima y para nuestra conducta futura.

ORIGEN DE LA CULPA

El psicólogo Bernardo Stamateas, autor del libro *Emociones tóxicas* que ya hemos mencionado, expone que «la culpa tóxica bloquea la capacidad de disfrutar de la vida. Cada uno es responsable ciento por ciento de sus pensamientos, decisiones y acciones». Según él, «el culpable siempre busca el dolor, que lo lastimen, lastimarse a sí mismo o lastimar a los demás». Como método para alejarse de la culpa tóxica, propone que **«si me equivoco, pido perdón y sigo adelante; no me detengo ahí, reparo el daño producido.** Si algo te hace sentir mal, decláralo, porque la culpa trabaja en soledad y en silencio».

Respecto al origen de la culpa, el neurólogo, psiquiatra y escritor Castilla del Pino afirma que «mediante la culpa el hombre toma conciencia de que no sólo está con los otros, los que le muestran ser culpable, sino que ha de estar con esos otros haciendo-lo-que-debe. El origen de la culpa es, por tanto, social. Aunque la experiencia sea personal, el carácter sociogénico de la misma es evidente».

En su libro *El sentimiento de culpa*, la psicóloga Laura Rojas-Marcos se pregunta por el origen de la culpa: «Hay estudios que afirman que es genético pero también es aprendido. El ser humano ha creado a lo largo de la historia una serie de normas que nos ayudan a mantener el equilibrio, la armonía... Nuestra sociedad está muy basada en la culpa, de modo que el castigo, el reforzamiento positivo o negativo, es un recurso educativo de que se sirven los padres y es algo fundamental en la educación. Dicho de otro modo, ese sentimiento de culpa es inherente al ser humano pero puede surgir por numerosas razones, porque en él influyen factores sociales, culturales, religiosos, familiares y personales».

Según explicó Rojas-Marcos en sus entrevistas para presentar el libro, es importante diferenciar entre la culpa real, «de la que nos responsabilizamos», y la falsa, «cuando asumimos cosas que no nos corresponden, pero puede llegar a atormentarnos a niveles insospechados». A partir de las investigaciones realizadas para este ensayo, la psicóloga sevillana ha llegado a la conclusión de que la peor culpa es «aquella que no se puede restaurar», así como la falsa, ya que «uno siente que no tiene control para poder solucionar o arreglar la situación que se la produce».

LAS HERIDAS EMOCIONALES

En su libro *El coraje de ser tú misma*, Sue Patton Thoele afirma que «todos llevamos cicatrices que afectan a nuestras vidas. Necesitamos tomar la responsabilidad de tratar esas viejas heridas y elegir la manera de sanarlas, así podemos seguir hacia mejores cosas».

Por su parte, Miriam Subirana, escritora y profesora de meditación, dice que «vivir del recuerdo es no gozar plenamente del presente. Vivir del recuerdo nos debilita. Es como ser un enchufe que se conecta a una toma de corriente por la que no pasa la electricidad. Vamos perdiendo nuestra energía. Queremos revivir una experiencia que ya pasó, y finalmente nos sentimos decepcionados y con un gran desgaste emocional y mental».

Sin embargo, uno de los baluartes de la historia de la psicología que más trabajó el tema de las heridas emocionales —o traumas— fue Sigmund Freud.

FREUD Y EL TRAUMA

Etimológicamente, trauma procede del griego y significa «herida». Freud adoptó el concepto de trauma para determinar una herida, una incisión o una ruptura en el aparato psíquico.

En un trabajo sobre este tema, el psiquiatra y psicoterapeuta Juan Larbán Vera explica lo que se entiende actualmente por trauma psíquico: «Todo suceso o experiencia muy impactante vivida por un sujeto, que le produce diversos trastornos que a menudo dejan secuelas. Se habla propiamente de trauma psíquico cuando el desencadenante del mismo es de tal intensidad que el sujeto es incapaz de responder adecuadamente. El individuo está desbordado por la cantidad o por la fuerza de las emociones vividas».

El primer método de psicoterapia desarrollado por Freud para trabajar los traumas, en colaboración con Breuer, fue la hipnosis catártica. La idea era que el paciente se desembarazaba de un cuerpo extraño espiritual —sus recuerdos traumáticos y sus afectos contenidos— mediante una visita al pasado reprimido. Freud consideraba que era «importante dejar que el paciente exprese por entero, de principio a fin, cada "recuerdo"». De esa manera se podía vivir de nuevo el momento que generó ese trauma para poder erradicarlo y evitar que siguiera afectando la vida presente del paciente.

En su libro *La conquista de la voluntad*, el psiquiatra Enrique Rojas considera que se deben distinguir dos modalidades de traumas, los microtraumas y los macrotraumas:

> Los primeros están constituidos por experiencias negativas de escasa intensidad, pero que sumadas, alineadas unas con otras, forman poco a poco un todo. Éste, si se instala en la personalidad, puede hacer mucho daño, y si no se trata de resolver, puede desembocar en un problema psicológico más grave. Los microtraumas no suelen originar grandes problemas, pero hay que saberlos detectar a tiempo para que no se vayan transformando en cuestiones que puedan hacer mella en la vida. [...]
>
> Los macrotraumas son siempre problemas intensos, duros, tremendos, dramáticos, trances que ponen en peligro muchas cosas a la vez, que rompen la fluidez habitual de la vida. Tienen una esencia trágica y conducen a posiciones di-

Los patitos feos

La resiliencia es el arte de navegar en los torrentes, dice Boris Cyrulnik en *Los patitos feos*; o en la crema, dicen las ranas.

El concepto resiliencia proviene de la palabra latina *resalire*, que significa volver a saltar. Emmy Werner, psicóloga estadounidense, fue la primera en acuñar este término en los años sesenta. Posteriormente, Cyrulnik lo ha recuperado.

Para este neurólogo, la resiliencia hay que entenderla como «el arte de metamorfosear el dolor para dotarle de sentido; es la capacidad de ser feliz incluso cuando tienes heridas en el alma». De hecho, la magnitud de dicha herida es lo de menos: «Hay personas que se sienten destrozadas por situaciones que, según la opinión general, no son traumáticas —como la muerte de un animal de compañía— y otras que pasan pruebas muy duras con éxito y sin problemas aparentes».

Con sólo seis años, Boris Cyrulnik consiguió sobrevivir a los campos de concentración y pasó su infancia en familias y centros de acogida. A pesar de que su vida parecía marcada por la desgracia y condenada al fracaso, es profesor en la Universidad de Var y lidera un grupo de investigación en etología clínica en el hospital de Toulon.

Quizá por eso le gusta decir que «una infancia desgraciada sólo supone lo que yo llamo "empezar mal en la vida". Si esta persona se queda sola es bastante probable que tenga una vida desgraciada, pero si, con el paso del tiempo, se ve rodeada de afecto, puede tener una vida feliz».

En una entrevista, Cyrulnik explica cómo se puede construir la resiliencia:

En primer lugar, es preciso **encontrar a alguien que te transmita seguridad afectiva**, ya sea profesional o no. Pero no siempre aparecen en nuestro camino personas amorosas y altruistas que se empeñen en ayudarnos, a pesar de las resistencias y dificultades que pueda haber; por eso es tan importante que en las escuelas, el barrio, los servicios sociales, etc., haya profesionales preparados para ayudar con amor e implicación personal.

Hay que **encontrarle un sentido a aquello por lo que has pasado**, como te decía antes. Siempre. No me refiero a justificar lo que te ha pasado, sino a **darle un sentido para el futuro. Y no se trata de que las cosas, los acontecimientos, tengan sentido en sí mismos, sino que tú se lo des, que les otorgues un significado en tu vida**. Ésta es una de las funciones más importantes de los profesionales, entre otras cosas: ayudarte a encontrárselo.

MENÚ PARA EL PASADO
OBJETIVO DE LA SEMANA

1. Identifica un hecho traumático que crees que ha condicionado negativamente tu existencia.
2. Extrae aquello positivo que pueda haber supuesto para tu crecimiento.
3. Fija una meta «con sentido» para la semana que viene, algo de lo que te puedas sentir orgulloso.

12

Rencor

Elena nunca ha perdonado a su marido que le fuera infiel con una compañera de trabajo en unos seminarios de fin de semana. Aunque su pareja le contó lo sucedido poco después y los hechos sucedieron hace más de diez años, nunca ha recuperado la confianza perdida. Desde entonces el tema sale regularmente y es motivo de agrias polémicas que derivan en silencios que pueden durar días enteros.

Cuando su marido le propone que dejen la relación amistosamente, o que se separen un tiempo, ella se niega.

Elena no quiere romper la relación. Es sólo que hasta ahora ha sido incapaz de dejar el pasado atrás.

DOS TIPOS DE RESENTIMIENTO

En su libro *La conquista de la voluntad*, Enrique Rojas habla del resentimiento y lo define como «un dolor moral que se produce como consecuencia de haber sido tratado —justa o injustamente— con desconsideración, y que se acompaña progresivamente de hostilidad hacia la persona o las personas causantes de este daño. Por tanto, podemos concluir diciendo: **Resentimiento = sentirse dolido y no olvidar**.

Enrique Rojas recuerda que «Freud, en su *Teoría de la neurosis*, insistió en los mecanismos neuróticos, uno de los cuales consiste en almacenar todos los problemas y las frustraciones pasados, ante los que no hay capacidad de exteriorizarlos hacia fuera y, como consecuencia, neurotizan la personalidad y la vuelven enfermiza». Eso sí, apunta que **el sufrimiento es necesario para madurar personalmente**, siempre que no sea permanente o se organice la vida alrededor de él.

Enrique Rojas define dos tipos de resentimientos: el resentimiento fisiológico y el resentimiento patológico.

El **resentimiento fisiológico** aparece ante situaciones extremadamente injustas, flagrantes y que han sido —por lo general— ocasionadas por personas cínicas. El sujeto resentido se siente dolido, molesto y maltratado. Es una reacción lógica y normal.

El **resentimiento patológico** no parte de situaciones marcadamente injustas, no es la consecuencia de algo real y objetivo por lo que uno se ha sentido dolido, desplazado, etc., sino que se asienta sobre un tipo especial de personalidad: ególatra, hipersensible, con una desorbitada necesidad de ser estimado y considerado por los demás... Alguien incapaz de reconocer las propias limitaciones y de luchar por alcanzar un mayor nivel con el esfuerzo personal.

Un odio triste

El filósofo y pedagogo José Antonio Marina escribió en octubre del 2007 un artículo sobre el resentimiento en el *Magazine La Vanguardia*. En él, definía el rencor como «**un odio triste que invade el organismo afectivo de una persona más allá de su causa**. El resentimiento nace de un agravio o una ofensa y acaba creando una mala imagen de uno mismo».

Marina explica que, normalmente, cuando uno se refiere a otra persona como «ése es un resentido», esa frase ya está descalificando por completo a una persona. ¿Y qué implica ese resentimiento, ese rencor?

Según este autor, «el rencor y el resentimiento sólo se dirigen contra personas e incluyen la memoria de un agravio o injuria. Son sentimientos memoriosos, reiterativos, que mantienen vivo el recuerdo de un hecho pasado, sin dejarlo caer en el olvido. Quienes lo experimentan están anclados en un pasado que no pueden olvidar y que, de alguna manera, determina su vida».

Se puede distinguir el rencor del odio porque en el primero existe un sentimiento de impotencia, de no haber podido vengar la ofensa o perdonarla. Max Scheler decía que el resentimiento «es una intoxicación sentimental».

¿Hay antídoto contra el resentimiento?, se pregunta José Antonio Marina. Él menciona el olvido, aunque «como todo el mundo sabe, **podemos recordar a voluntad, pero no olvidar a voluntad**». También menciona el perdón: «Quien perdona, no olvida, pero toma la iniciativa», y después, apunta a una tercera posible solución: «Hay sentimientos que por su capacidad de hacer sufrir y por su tendencia a no desaparecer hacen imprescindible un trabajo afectivo para conseguir hacerlos compatibles con la vida. El duelo es el mejor estudiado. Quien sufre la muerte de un ser querido se instala en un dolor del que con frecuencia no quiere salir. No es un fenómeno nuevo. [...] Algo así debería poder hacerse con el resentimiento. **El resentido debe interpretar de otra forma la ofensa, fortaleciendo su propia dignidad, cambiando alguna de sus creencias, teniendo bien presente que ceder a ese sentimiento es aumentar el poder del ofensor».**

EL PERDÓN Y EL OLVIDO

Jaume Soler y Mercè Conangla, fundadores de la Fundació Àmbit (un instituto para el crecimiento personal de Barcelona) y autores de varios libros que tratan el concepto de la ecología emocional, en su obra *Ecología emocional* dicen que «el resentimiento es una forma de reactividad y deriva del posicionamiento inmaduro de quien **tiende a juzgar la acción de los demás en lugar de centrarse en su propia conducta** actuando y decidiendo en consecuencia». Es decir, que estar resentido es reaccionar dejándose llevar y, por tanto, perder el control. Y **para poder perdonar es necesario recuperar el control**.

EL BÁLSAMO DEL PERDÓN

Fred Luskin, el director del Stanford Forgiveness Project, un centro universitario para ayudar a perdonar, escribió un libro sobre el perdón titulado *Perdonar es sanar*. En él expone su visión de lo que es el perdón. Según él, «es una destreza que usted puede desarrollar. El perdón ocurre cuando deshacemos cada paso del proceso de resentimiento. Aprendemos a equilibrar el aspecto impersonal del dolor con el personal, lo cual casi siempre significa tomar algo doloroso menos personalmente. Nos hacemos responsables de nuestros sentimientos cuando alguien nos lastima. Finalmente, **cambiamos nuestra historia de resentimiento por una historia de perdón**».

Según Luskin, uno de los obstáculos principales para perdonar es el hecho de no entender realmente lo que es el perdón: «Algunas personas confunden perdonar con aceptar acciones crueles. Hay quienes piensan que perdonamos con el fin de arreglar la relación con el ofensor. Varios tememos perdonar porque pensamos que no se podrá obtener justicia. Algunos creen que el perdón es el paso previo a la reconciliación. También hay quienes piensan que perdonar es olvidar lo ocurrido, o que tenemos que hacerlo porque nuestra religión dice que hay que perdonar. Cada una de las anteriores ideas está errada». Para Luskin, el perdón «es el sentimiento de paz que va naciendo a medida que el dolor se deja de tomar personalmente, se va asumiendo la responsabilidad de los sentimientos y **se pasa de víctima a héroe en la historia que uno mismo narra. El perdón es experimentar la paz en el momento presente. El perdón no modifica el pasado, pero cambia el presente**».

Luskin establece una serie de **principios sólidos para manejar el perdón:**

- Perdonar no significa pensar que lo ocurrido está bien.

- Perdonar no significa olvidar. «No queremos olvidar lo que ocurrió. Más aún, queremos recordarlo. Recordamos para asegurarnos de que las cosas malas no vuelvan a ocurrir.»
- Perdonar no es lo mismo que reconciliarse. «Reconciliarse significa restablecer la relación con la persona que nos lastimó. Perdonar significa alcanzar la paz con una parte dolorosa del pasado y dejar de culpar al ofensor por nuestras aflicciones. Podemos perdonar y decidir que no hay ninguna razón para continuar la relación con la persona que nos lastimó.»
- No es necesario sufrir en silencio para perdonar. «La ira y el dolor son respuestas apropiadas ante sucesos dolorosos, pero debemos saber decir no cuando se pasan del límite. No es necesario sufrir en silencio para perdonar. [...] Perdonar es la decisión de liberarnos de la ofensa personal y la culpa que nos mantiene atrapados en el nido del sufrimiento.»

Volviendo al libro *Ecología emocional*, Mercè Conangla y Jaume Soler afirman que «si no hay empatía no hay comprensión, si no hay comprensión no puede haber perdón verdadero. **Y si no hay perdón, la ofensa no perdonada, vengada ni olvidada se mantiene activa y acaba enrareciéndose**».

Para acabar, Fred Luskin, resume así los **nueve pasos para perdonar:**

1. Saber exactamente lo que se siente sobre lo sucedido, y poder identificar qué fue lo que no salió bien. Contarle la situación a un par de personas de confianza.

2. Comprometerse consigo mismo a hacer lo necesario para sentirse mejor. Perdonar es para uno y para nadie más. Es más, nadie tiene por qué conocer nuestra decisión.

3. Identificar la meta. Perdonar no implica necesariamente reconciliarse con la persona que nos ha herido, ni aprobar su actitud. Nuestra meta es encontrar paz. Perdonar puede definirse como «la paz y la comprensión que surge al culpar menos aquello que nos hace daño, al no tomar la experiencia como algo personal y al cambiar la historia del rencor».

4. Obtener la perspectiva adecuada de lo que sucede. Reconocer que la zozobra proviene principalmente de los sentimientos de dolor, los pensamientos y la molestia física que se sufre actualmente, y no de lo que produjo la herida hace dos minutos o diez años.

5. Al sentirnos molestos, reforcemos las emociones positivas para aliviar la necesidad corporal de salir corriendo o luchar.

6. Dejar de esperar cosas de los demás y de la vida que no obtendremos. Identificar las reglas que no se pueden hacer cumplir y que establecemos para nuestra salud o para el comportamiento de los demás. Recordemos que podemos desear salud, amor, amistad, prosperidad, y trabajar duro para obtenerlas. Sin embargo, se sufre si exigimos que sucedan cuando no tenemos poder para que así sea.

7. Concentra tu energía en encontrar caminos alternativos para alcanzar tus metas positivas, más allá de la experiencia dolorosa. En otras palabras, encuentra tu

intención positiva. En lugar de repetir mentalmente tu dolor, averigua otras formas de obtener lo que quieres.

8. Recuerda que gozar de la vida es tu mejor venganza. En lugar de concentrarte en los sentimientos dolorosos, dándole así poder sobre ti al que te hizo daño, aprende a buscar el amor, la belleza y la amabilidad en torno a ti. Perdonar significa tener poder personal.

9. Cambiar tu historia de rencor por el recuerdo de la heroica decisión de perdonar.

MENÚ PARA EL RENCOR
OBJETIVO DE LA SEMANA

1. Perdona cada día de la semana a una persona que te haya hecho daño voluntaria o involuntariamente, entendiendo —que no justificando— las carencias que le llevaron a actuar de ese modo.

2. Analiza si a tu vez has inflingido sobre otros un daño similar. Toma conciencia de esa conducta disfuncional para no volverla a repetir.

3. Cada noche, antes de acostarte, interioriza este propósito del Buda de la compasión: «Si por mis limitaciones no soy capaz de hacer felices a los demás, que al menos mi conducta no sea motivo de su infelicidad».

13

Procrastinar

Federico tiene la sensación de ser el último en una carrera donde sus objetivos corren más que él. Nada importante de lo que se propone llega a realizarse. Si se apunta a un gimnasio, tras la primera clase deja de acudir al programa que ha elaborado su instructor deportivo, aunque sigue pagando religiosamente porque tiene la esperanza de «coger el ritmo más tarde». Sabe que necesita mejorar su inglés para el trabajo, pero el curso de autoaprendizaje que se compró sigue acumulando polvo.

Y lo que peor le sabe es que a fuerza de posponer la visita a una tía en una residencia de ancianos, esta acabó muriendo sin que él hubiera ido una sola vez.

¿Qué puede hacer para romper ese hábito que mina su confianza?

EL ARTE DE DEJARLO TODO PARA MÁS TARDE

Como dice el profesor de la Universidad de Virginia William J. Knaus en su artículo «Superar el hábito de posponer», «Todo el mundo pospone alguna vez. **La gente pospone ta-**

reas para el día siguiente y cuando llega ese día lo pospone para el otro. Su esperanza es que la tarea que quiere evitar, se la encontrará "realizada" al día siguiente como por arte de magia; **todo ello viene acompañado normalmente por sentimientos de culpa, autoengaño y desesperanza»**.

El hábito de posponer se denomina técnicamente procrastinar.

Se trata verdaderamente de un trastorno de la conducta que condiciona y a menudo paraliza nuestra vida. El hábito de postergar sistemáticamente aquello que debemos hacer, a menudo tareas cruciales, hace que dediquemos tiempo a actividades irrelevantes pero placenteras, mientras los grandes asuntos de nuestra vida siguen desatentidos.

Piers Steel, reputado economista de la Universidad de Calgary, ha estimado que el 20 % de la población adulta procrastina de forma muy habitual. En el caso de los jóvenes, el índice sería aún más alarmante, ya que se calcula que hasta el 95 % de los estudiantes postergan sus tareas escolares o académicas.

Entre los adultos, las tareas y planes más susceptibles de ser procrastinados serían:

- Dejar malos hábitos como el tabaco, el alcohol o el consumo de dulces
- Dietas para perder peso
- Planes para ponernos en forma
- Cursos de idiomas
- Visita a familiares con los que tenemos un contacto intermitente

Lo peor de dejar de lado las actividades que sabemos que deberíamos realizar es la falta de confianza que nos produce. Cuanto más nos fallamos a nosotros mismos, menor es el crédito que nos damos. Es decir, a fuerza de no cumplir con lo que nos hemos propuesto, al final dejamos de creer en nuestra fuerza de voluntad y en nuestra capacidad de llevar adelante nuestros planes.

En su artículo «Superar el hábito de posponer», William J. Knaus examina el problema de posponer crónicamente, para después dar algunas pautas para poder deshacernos de este mal hábito.

Según Knaus, «los postergadores se sostienen principalmente en dos creencias irracionales. Por una parte se sienten inadaptados, y por otra ven el mundo como un lugar demasiado difícil y exigente». Estas creencias, añade el autor, pueden manifestarse en una serie **de características que definirían a las personas con tendencia a postergar**:

- Creencias irracionales: Tienen una autoimagen de sí mismos muy pobres que les hace verse inadecuados o incompetentes.
- Perfeccionismo y miedo al fracaso: Postergar, y justificar un resultado final por falta de tiempo, sirve de excusa para evitar el miedo al fracaso en tareas donde no hay garantías de éxito.
- Ansiedad y catastrofismo: Al necesitar buscar garantías de éxito, acumulan tareas sin empezar o sin acabar. Y esa acumulación les genera tal grado de ansiedad y catastrofismo que todavía postergan más la acción.
- Rabia e impaciencia: Las exigencias desmesuradas y el

catastrofismo provocan también rabia e impaciencia. Pueden surgir ideas del tipo «yo debería ser capaz de realizar esto solo». Al no cumplir con las metas que se marcan, terminan atrapadas en un círculo de enfado-rebelión que empeora su rendimiento.

Según el ensayista polaco Zygmunt Bauman, creador del concepto de la modernidad líquida, los **tipos de procrastina-ción** pueden dividirse en tres motivos según su origen:

1. Por evasión: Es lo que hacen las personas que tienen una baja autoestima, quienes aplazan sus tareas por temor a equivocarse.
2. Por activación: Es lo que se hace cuando se posterga una acción hasta que no hay más remedio que hacerla.
3. Por indecisión: Es lo que suelen hacer las personas perfeccionistas, que postergan la acción porque nunca encontrarán una forma correcta de hacerlo.

MEDIDAS PRÁCTICAS PARA ROMPER CON EL HÁBITO DE PROCRASTINAR

Citando nuevamente al psicólogo William J. Knaus y a su artículo «Superar el hábito de posponer», éste propone algunas técnicas para superar la postergación: «Un punto de partida importante es darse cuenta de lo que nos estamos diciendo a nosotros mismos para mantener nuestras conductas auto-derrotistas. Esas frases irracionales son importantes hasta el

punto de que si no nos damos cuenta de cómo nos bloquea-
mos a nosotros mismos, entonces nos será muy difícil cambiar». Por lo tanto, es importante encontrar esas frases, comprender por qué las decimos, qué nos retiene y así evitar el
bucle irracional y autodespreciativo en el que se entra al considerarse incapaz o incompetente ante una tarea para excu-
sarse por no hacerla.

En relación a este aspecto, Knaus apunta la importancia
de autorreforzarse y valorarse de manera más positiva.

Otro de los consejos que el autor propone es el de **empezar ahora, no dejar las cosas para mañana**. Es por eso que
dedicaremos un poco de tiempo a hablar del poder del ahora.

El poder del ahora, de Eckhart Tolle

Eckhart Tolle, escritor y maestro espiritual de origen alemán,
es el autor de una obra que enfatiza la importancia de estar
en el momento presente. Se trata de *El poder del Ahora.*

Al explicar qué le empujó a escribir sobre este tema,
cuenta que durante los primeros treinta años de su vida vivió
sumido en un estado de ansiedad continua. Una noche, con
29 años, se despertó con una sensación de terror absoluto. En
ese instante, una idea surgió en su cabeza. ¿Y si él era dos: el
yo y el sí mismo, y era con ese «sí mismo» con el que no quería
seguir viviendo? Esta revelación paralizó su mente; era consciente, pero sus pensamientos no fluían. Después de esa noche, todo cambió.

Explica que, años después, comprendió lo ocurrido: era
que el sufrimiento al que estaba sometido había hecho que su

conciencia se retirara y con ella también se retirara su yo falso para dejar únicamente su esencia.

A partir de esa experiencia, otras personas le pidieron que les enseñara a llegar a ese estado de paz. Por eso mismo decidió escribir el libro *El poder del Ahora*.

Tolle expone que el «Ser Ahora» implica una conciencia que está más allá de la mente. «En lugar de "observar al que piensa" (es decir, escuchar la voz interior o la voz que suena en nuestra cabeza) se puede crear también una brecha en la corriente de la mente simplemente dirigiendo el foco de nuestra atención hacia el Ahora. Volvernos intensamente conscientes del momento presente. [...] De esa forma apartamos la conciencia de la actividad de nuestra mente y creamos una brecha de no-mente en la que estaremos muy alerta y conscientes, pero no pensando.»

Para Tolle, uno de los problemas principales que tenemos es que estamos tan pendientes del presente o del futuro que sufrimos por ello. Adelantarse a lo que va a ocurrir o preocuparse por lo que ya ha ocurrido hace que el pensamiento esté siempre alerta, siempre en marcha, y no se pueda ser realmente consciente de uno mismo. «Si no quieres crear más dolor para ti y para los demás, si no quieres aumentar más el residuo de sufrimiento pasado que convive en ti, no crees más tiempo, al menos no más del necesario para manejar los aspectos prácticos de tu vida. ¿Cómo detener la producción de tiempo? Date cuenta profundamente de que el momento presente es todo lo que tienes. Haz del Ahora el foco primario de tu vida.»

Porque el Ahora es lo único que existe. El futuro es un Ahora imaginado, una proyección de la mente, al igual que el pasado es una huella de la memoria. Por eso es importante ser conscientes del Ahora, vivir en él y no postergar la acción ni la vida para un futuro que es imaginado.

EL INSTANTE PRESENTE

Cuentan que, en cierta ocasión, le preguntaron a Buda quién era el hombre santo. Y Buda respondió: «Cada hora se divide en cierto número de segundos, y cada segundo en cierto número de fracciones. El santo es en realidad el que es capaz de estar totalmente presente en cada fracción de segundo».

Una pequeña fábula ilustra esta enseñanza:

> El guerrero japonés fue apresado por sus enemigos y encerrado en un calabozo. Aquella noche no podía conciliar el sueño porque estaba convencido de que a la mañana siguiente habrían de torturarle cruelmente. Entonces recordó las palabras de su Maestro Zen: «El mañana no es real. La única realidad es el presente». De modo que volvió al presente... y se quedó dormido.

LOS HÁBITOS DE COVEY PARA LA GENTE EFICIENTE

Contra el hábito de procrastinar y otras disfunciones organizativas que entorpecen nuestro día a día, Tom Morell realiza un pequeño esquema de las ideas principales de la obra de Stephen R. Covey, *Los siete hábitos de la gente altamente efectiva*, exponiendo una manera directa y sencilla de contemplar **los hábitos para ser efectivos** que expone Covey a lo largo del libro.

- El hábito de la proactividad nos da la libertad para poder escoger nuestra respuesta a los estímulos del medio ambiente y nos enseña a responder (responsabilidad) de acuerdo con nuestros principios y valores.

- Comenzar con un fin en mente hace posible que nuestra vida tenga una razón de ser, pues al visualizar una meta, un fin, nuestras acciones se dirigen a lo que verdaderamente es significativo en nuestras vidas.

- Poner primero lo primero nos permite liberarnos de la tiranía de lo urgente para dedicar tiempo a las actividades que verdaderamente dan sentido a nuestras vidas.

- Pensar en ganar/ganar nos permite desarrollar una mentalidad de abundancia material y espiritual, pues nos cuestiona la premisa de que la vida es un «juego de suma cero» donde para que yo gane alguien tiene que perder. Cuando establecemos el balance entre nuestros objetivos y los objetivos de los demás podemos lograr el bien común. Cuando nuestra determinación se balancea con la consideración para con los demás, estamos sentando las bases para la convivencia y la equidad entre los seres humanos.

- Buscar comprender primero y después ser comprendido es la esencia del respeto a los demás. La necesidad que tenemos de ser entendidos es uno de los sentimientos más intensos de todos los seres humanos. Este hábito es la clave de las relaciones humanas efectivas.

- Sinergizar es el resultado de cultivar la habilidad y la actitud de valorar la diversidad. La síntesis de ideas divergentes produce ideas mejores y superiores a las ideas individuales. El logro de trabajo en equipo y la innovación son el resultado de este hábito.

- Afilar la sierra es usar la capacidad que tenemos para renovarnos física, mental y espiritualmente. Es lo que nos permite establecer un balance entre todas las dimensiones de nuestro ser, a fin de ser efectivos en los diferentes papeles (roles) que desempeñamos en nuestras vidas.

LOS CUATRO ACUERDOS DE MIGUEL RUIZ

Éste es un ensayo sobre sabiduría tolteca realizado por un médico mexicano. En él se exponen los cuatro acuerdos necesarios para estar en equilibrio con uno mismo y con el mundo. Son un camino para desprenderse de los dogmas y aspectos negativos que repercuten en nuestra vida y llegar al equilibrio y la felicidad.

Entre ellos, especialmente en el último, encontramos una invitación a la acción que nos anima a dejar de posponer, a dejar de esperar una gratificación como compensación de lo que hacemos.

Primer acuerdo: Sé impecable con tus palabras

¿Qué significa ser impecable con las palabras, ese poder que tiene el ser humano y que a veces descuida?

«Ser impecable con tus palabras significa utilizar tu energía correctamente, en la dirección de la verdad y del amor por ti mismo. Si llegas a un acuerdo contigo mismo para ser impecable con tus palabras, eso bastará para que la verdad se manifieste a través de ti y limpie todo el veneno emocional que hay en tu interior. Pero llegar a este acuerdo es difícil, porque hemos aprendido a hacer precisamente todo lo contrario. Hemos aprendido a hacer de la mentira un hábito al comunicarnos con los demás, y aún más importante, al hablar con nosotros mismos. No somos impecables con nuestras palabras.»

Segundo acuerdo: No te tomes nada personalmente

El autor expone un ejemplo para ilustrar a qué se refiere con este acuerdo y cuál puede ser su beneficio: «Suceda lo que suceda a tu alrededor, no te lo tomes personalmente. Incluso cuando una situación parece muy personal, por ejemplo ante un insulto directo, eso no tiene nada que ver contigo. Lo que esa persona dice, lo que hace y las opiniones que expresa responden a los acuerdos que ha establecido en su propia mente. Su punto de vista surge de toda la programación que recibió durante su domesticación».

Tercer acuerdo: No hagas suposiciones

«Tendemos a hacer suposiciones sobre todo. El problema es que, al hacerlo, creemos que lo que suponemos es cierto. Juraríamos que es real. Hacemos suposiciones sobre lo que los demás hacen o piensan —nos lo tomamos personalmente—, y después, los culpamos y reaccionamos enviando veneno emocional con nuestras palabras. Este es el motivo por el cual siempre que hacemos suposiciones, nos buscamos problemas. Hacemos una suposición, comprendemos las cosas mal, nos lo tomamos personalmente y acabamos haciendo un gran drama de nada.»

Cuarto acuerdo: Haz siempre tu máximo esfuerzo

«Si haces tu máximo esfuerzo, vivirás con gran intensidad. Serás productivo y serás bueno contigo mismo porque te entregarás a tu familia, a tu comunidad, a todo. Pero la acción es lo que te hará sentir inmensamente feliz. Siempre que haces tu máximo esfuerzo, actúas. Hacer tu máximo esfuerzo significa actuar porque amas hacerlo, no porque esperas una recompensa. La mayor parte de las personas hacen exactamente lo contrario: sólo emprenden la acción cuando esperan una recompensa, y no disfrutan de ella. Y ese es el motivo por el que no hacen su máximo esfuerzo.»

MENÚ PARA LA PROCRASTINACIÓN
OBJETIVO DE LA SEMANA

1. Empieza la semana anotando en tu agenda una meta importante para cada día. Especifica las horas a las que se realizará dicha tarea.
2. No realices otras actividades hasta que esa misión se vea cumplida, aunque para ello tengas que renunciar a cosas que te apetezca hacer.
3. Al finalizar la semana, regálate una gratificación personal por haber cumplido estos objetivos.
4. Traza el programa diario para la semana siguiente, con el firme propósito de no desviarte de los planes.

14

El miedo

Antonia ha sido prudente en exceso desde muy pequeña, a causa de unos padres sobreprotectores que la mantenían alejada de todo aquello que pudiera suponer una amenaza. Esto ha hecho que arraiguen en ella toda clase de temores que limitan de manera importante su existencia.

En su profesión, aunque otras empresas de la competencia le ofrecen mejores condiciones laborales y económicas, no se atreve a cambiar por miedo a abandonar la seguridad conquistada.

Los fines de semana apenas sale de casa porque ha desarrollado una agorafobia que «no puede controlar».

Últimamente está gestando además una fuerte hipocondría: tiene palpitaciones y mareos y ha hecho venir varias veces al médico de la mutua para comprobar que no tenía nada.

Según los manuales de psicología, el miedo es una advertencia emocional que anuncia la proximidad de un daño físico o psicológico.

Como señal de alerta inspirador de prudencia, el miedo es positivo, al igual que el estrés. El problema nuevamente aparece cuando el temor deja de ser una advertencia para convertirse en protagonista de nuestra realidad. En ese momento deja de ser útil para convertirse en un elemento paralizador y una amenaza incluso para la persona que lo sufre.

LOS ORÍGENES DEL MIEDO

Según un artículo del profesor Vicente Domínguez titulado «El miedo en Aristóteles», el concepto de «phóbos» (miedo) debuta en la literatura occidental en la *Ilíada* de Homero. «Pero es preciso señalar que Phóbos todavía no significa "miedo" cuando Homero lo menciona como la personificación divina de una acción que se presenta en el campo de batalla en compañía de Deîmos (Terror) y Eris (Discordia, disputa). Exactamente, "phóbos", en Homero, es un nombre de acción derivado del verbo phébomai, que significa "huir".»

Vicente Domínguez explica en su artículo que Aristóteles, en la *Ética Nicomáquea*, dice que el phóbos «es la suposición de un mal». Sin embargo, es en la *Retórica* donde se encuentra, según el autor del artículo, una definición del miedo más elaborada. En esa obra, Aristóteles define el phóbos como sigue: «Sea pues el miedo (phóbos) una aflicción o barullo de la imaginación (phantasía) cuando está a punto de sobrevenir un mal destructivo o aflictivo». Al autor le interesa esta definición aristotélica del miedo, como, según sus palabras, «base de una propuesta de definición pensando en la psicología. [...] Defino el "miedo" como una emoción más o menos pasajera que aparece cuando se presiente o supone un peligro real o aparente (es decir, que "parece y no es") y con-

creto o inconcreto (vago, impreciso), que se puede sentir individual o colectivamente».

Pero Aristóteles no es el único filósofo clásico que habló
sobre el miedo. Epicuro de Samos también se preocupó por
el miedo, en especial porque era uno de los aspectos a evitar
en la vida si se quería conseguir la felicidad, basada en la au-
tarquía y la tranquilidad del ánimo o ataraxia.

El tetrafármaco de Epicuro plantea cuatro miedos principales: **el miedo a los dioses, el miedo a la muerte, el miedo al
dolor y el miedo al fracaso** en la búsqueda del bien.

El primero es absurdo, dice Epicuro, «pues éstos (los
dioses) en nada intervienen en los asuntos humanos y no se
mueven por la ira ni la cólera ni tantos otros sentimientos que
comúnmente se les atribuyen. Por el contrario, los dioses
deberían ser un modelo de virtud y de excelencia a imitar,
pues viven en armonía mutua manteniendo entre ellos relaciones de amistad».

El miedo a la muerte es, según Epicuro, absurdo e irracional. «La muerte no es nada para nosotros. Cuando se presenta, nosotros ya no somos.»

El miedo al dolor también es infundado según Epicuro
porque «todo dolor es en realidad fácilmente soportable. Si
se trata de un dolor intenso su duración será breve sin duda,
mientras que si el dolor es prolongado, su intensidad será leve
y podrá ser fácilmente sobrellevado».

Por lo que respecta al miedo al fracaso, desde la antigüedad se sabe que de las derrotas se aprende mucho más que de
las victorias.

Las dos clases de miedo

Jorge L. Tizón, psiquiatra, psicoanalista y neurólogo, es el autor del libro *El poder del miedo*. En una entrevista para TV2, sostenía que «no hay personas que no tengan miedo. Se puede no sentir miedo, pero para no tener la preparación biológica para el miedo se necesitarían lesiones muy especiales y muy difíciles de producir si no es intencionalmente».

Explica que el miedo en sí mismo no es malo, pues si con el miedo adoptamos posturas adecuadas, nos ayuda a conocer el mundo, a relacionarnos con los demás y a sobrevivir. «El miedo en general es una reacción del organismo ante el peligro, real o imaginado. Los miedos que nos desorganizan demasiado son los que llamamos patológicos: desorganizan el pensamiento, desorganizan nuestra relación con los demás y desorganizan nuestras posibilidades de desarrollo. [...] La ventaja del miedo como emoción es que nos ayuda a focalizar los peligros, pero si focalizamos demasiado, porque el miedo es muy intenso y prolongado, es negativo porque no pensamos en nada más.»

Tizón explica que existen dos orientaciones para explicar de dónde procede el miedo y cómo funciona. Existen pensadores, psicólogos y otros científicos que opinan que «nacemos preparados para sentir miedo y que fundamentalmente es la relación social la que define qué miedo vamos a sentir». En cambio, hay otros, sobre todo los etólogos, que dicen que «además, nacemos con una serie de miedos, los siete u ocho básicos, que son un recuerdo de la especie, de la evolución de la especie, y que es la relación con los padres o cuidadores la que consigue que esos miedos se queden en un rincón y podamos vivir con ellos». Por ejemplo, según Tizón, el miedo a lo desconocido es cultural. Hay culturas que no temen lo desconocido, e incluso personas que, genética o neuronalmente, están preparadas para sentir curiosidad y placer ante el descubrimiento de lo desconocido. Especifica que «el miedo a lo desconocido existe siempre, porque es la mezcla de dos emociones primarias: la sorpresa y el miedo. Cuando las mezclamos y no nos ayudan a mezclarlas bien, sobre todo en la primera infancia, entonces tenemos miedo a lo desconocido, probablemente para toda la vida».

EL FANTASMA DE LA INCERTIDUMBRE

Joanna Bourke, profesora de Historia en el Birbeck College de la Universidad de Londres, escribió en 2005 un libro titulado *El miedo: una historia*. En noviembre de 2006 el diario *El País* realizó una entrevista a esta profesora, quien opinaba que «el miedo es, de todas las emociones, la más fácil de estimular. Es más fácil hacer sentir a la gente miedo que odio». Explicaba que su idea principal fue hacer un libro sobre la historia de todas las emociones, pero que comprendió que el miedo era la que aparecía con más fuerza a través de la historia. «El miedo ha guiado el siglo xx, acompañado por la ira.»

Según esta historiadora, el miedo ha variado de intensidad a lo largo de la historia, así como el objeto del miedo. Por ejemplo, el miedo a la muerte: «En el siglo xix el miedo dominante era el miedo a la muerte súbita, a morir de manera inesperada, sin preparación. Ahora es al contrario: el miedo mayor es a permanecer mucho tiempo en tránsito. En el xix no se temía, como en nuestra época, al dolor que antecede a la muerte, el dolor al morir era incluso algo positivo, era algo expiatorio. Hay otros miedos pasados que nos sorprenden: entre 1870 y 1910 se tenía un pánico absoluto al entierro prematuro, a que te sepultaran vivo. Eso era lo peor de todo. Hasta el punto de que para conjurar ese miedo se inventaron nuevos métodos y hasta aparecieron nuevos profesionales que te garantizaban que al morir estarías indiscutiblemente muerto. Los miedos son en buena parte invenciones sociales. Cuando se producen cambios aparecen nuevos miedos». Concluyó que, en la actualidad, se tiene tanto miedo como en la Edad Media pero menos que durante el siglo xix, y eso lo achaca a que la sociedad de la información nos bombardea constantemente con horrores. Para demostrar esto, la autora cita en su libro al diácono R. H. Charles, quien dijo: «Puede que la ciencia haya desenmascarado muchas supersticiones de la Alta Edad Media y descubierto la falsedad de la magia secular y religiosa del pasado y del presente, pero en su lugar ha introducido gran cantidad de inquietudes nuevas que nos acosan desde la cuna hasta la tumba».

La autora también hace una distinción entre el miedo externo y el interno: «El estado de miedo, en el que el miedo es algo externo a ti, identificable, y el de inquietud (*anxiety*), en el que ese miedo está dentro, no se concreta, fluye. Eso tiene un aspecto político, porque en el miedo externo puedes combatir la causa, o huir, pero en la inquietud no puedes identificar al enemigo. Ese miedo, entonces, es fácilmente manipulable con chivos expiatorios: los musulmanes, los inmigrantes. El chivo expiatorio permite convertir la inquietud en miedo externo».

Zygmunt Bauman, de quien hemos hablado en un capítulo anterior, considera en su libro *Miedo líquido* que «es más temible cuando es difuso, disperso, poco claro; cuando flota libre, sin vínculos, sin anclas, sin hogar ni causa nítidos; cuando nos ronda sin ton ni son; cuando la amenaza que deberíamos temer puede ser entrevista en todas partes, pero resulta imposible de ver en ningún lugar concreto. Miedo es el nombre que damos a nuestra incertidumbre: a nuestra ignorancia con respecto a la amenaza y a lo que hay que hacer —a lo que puede y no puede hacerse— para detenerla en seco, o para combatirla, si pararla es algo que está ya más allá de nuestro alcance».

LA TERAPIA DE EXPOSICIÓN PROGRESIVA PARA TRATAR LAS FOBIAS

Según algunos especialistas en el estudio de las fobias, como Ost y Hugdahl, el comienzo de éstas va asociado a un suceso traumático en una minoría de los casos y puede desarrollarse tiempo después de la aparición de dicho trauma. De hecho, hay fobias que aparecen tras un suceso doloroso poco relacionado con el tipo de fobia que se experimenta.

La terapia de exposición progresiva es una forma de psicoterapia que parece funcionar para tratar las fobias específicas. I. M. Marks, autor de *Miedos, fobias y rituales*, explica que «la exposición en vivo de los estímulos fóbicos sin la conducta de escape hasta que la ansiedad remite de forma significativa es el tratamiento conductual más eficaz actualmente disponible para hacer frente a las conductas de evitación en los trastornos fóbicos. La clave del tratamiento de exposición es impedir que la evitación o el escape se conviertan en una señal de seguridad». Los mecanismos de la exposición para la reducción del miedo están relacionados con la habituación, la extinción y el cambio de expectativas.

Diversos estudios han demostrado que entre los posibles modelos de exposición al objeto o situación que produce la fobia (exposición en vivo o exposición imaginada o grabada), es más efectiva la exposición en vivo, aunque también se considera positiva la autoexposición, ya que de esa manera se evita la dependencia del paciente hacia el terapeuta.

En relación a la duración de dicha exposición, hay estudios que demuestran que una sesión de exposición larga (hasta que el miedo remita) es más eficaz que las sesiones cortas porque facilitan la habituación en lugar de la sensibilización. Además, se debe tener en cuenta que la eficacia de la exposición también depende de programar intervalos cortos entre las sesiones.

La terapia de exposición tiene como objetivo principal provocar estados emocionales incompatibles con la ansiedad y con la reacción fóbica.

Su funcionamiento es el siguiente:

- Comprender el miedo o fobia, cómo y cuándo se produce, cómo se mantiene...
- Manejar el miedo: Aprender a detectar los pensamientos catastróficos para así poder trabajar sobre ellos.
- Exposición progresiva y reiterada a la situación temida sin llevar a cabo ninguna conducta de evitación.

NO-MIEDO

Pilar Jericó, especialista en empresa, explica en su libro *No-miedo* que el temor en la mitología es hijo de Marte (el dios de la guerra) y Venus (la diosa del amor). ¿Por qué? Porque nace del apego; sentimos miedo de aquello que queremos y no queremos perder. El miedo está asociado a la pérdida. Y porque también se relaciona con la agresividad (Marte), ya que las personas agresivas muchas veces lo que tienen es miedo.

«Cada pueblo y cada persona se caracterizan por un tipo de miedo que varía con el tiempo y con su nivel de conocimientos. [...] La base del miedo es biológica, pero el conocimiento consigue reducir las incertidumbres del medio y modular parte de nuestros temores. Sin embargo, en el mundo empresarial la incertidumbre está a la orden del día, lo que genera miedos más sutiles que la amenaza de la integridad física.»

Según Pilar Jericó, existen **dos tipos de miedos** (a los que ella compara con el Dr. Jekyll y Mr. Hyde): el **miedo sano** y el **miedo tóxico**. El primero es la prudencia que nos permite llegar hasta aquí en la evolución porque nos protege ante el peligro. Pero el miedo tóxico nos impide tomar decisiones y desarrollar nuestro talento; es destructivo, nos frena y, además, es prolongado en el tiempo. Nos sumerge en la inseguridad e impide el desarrollo de nuestro potencial.

Tras explicar las diferencias entre los distintos tipos de miedo, Pilar Jericó expone en su libro la relación entre la motivación y el miedo:

¿Cuál es la fuerza complementaria al miedo? La motivación, sin duda. Miedo y motivación serían las dos caras de una misma moneda. Nacen de las mismas necesidades individuales, conviven juntas, pero tienen características bien diferentes. La motivación nos mueve a conseguir un fin; el miedo nos moviliza para evitar una amenaza. [...] Cada uno de nosotros tiene uno o varios tipos de miedo e incluso el mismo miedo puede ser percibido de forma distinta según quién lo sienta. Una muestra más de nuestra complejidad. A pesar de ello podemos identificar cinco grandes grupos, basándonos en las tipologías de la motivación.

Aquí está el cuadro que relaciona los miedos y las motivaciones:

MIEDO PRINCIPAL	MOTIVACIÓN ASOCIADA	MIEDOS DERIVADOS
No supervivencia	Necesidades básicas	– Miedo a perder el trabajo – Miedo a no llegar a fin de mes
Rechazo	Afiliación	– Miedo a ser distinto – Miedo al éxito o a destacar – Miedo a relacionarse
Fracaso	Logro	– Miedo al error – Miedo a asumir riesgos – Miedo a tomar decisiones
Pérdida de poder	Poder + influencia	– Miedo a perder un puesto de influencia – Miedo a no ser reconocido socialmente
Cambio	Todos los anteriores	– Miedo a un cambio de función – Miedo a un cambio de localización

Desactivar los mecanismos del miedo

En su libro *Aunque tenga miedo, hágalo igual*, Susan Jeffers expone técnicas y herramientas para controlar y vencer el miedo, cambiar la manera de pensar acerca de lo que nos lo produce, así como crear relaciones positivas o fortalecerse uno mismo.

«Quizá le sorprenda y estimule enterarse de que, aunque la incapacidad de enfrentarse con el miedo pueda parecer y sentirse como un problema psicológico, en la mayoría de los casos no es así. Creo que se trata, sencillamente, de un problema educacional y que, al reeducar la mente, uno puede aceptar el miedo como un simple hecho de la vida, más que como un obstáculo para el éxito. [...] Mi convicción de que el miedo puede ser afrontado con éxito mediante la reeducación proviene de mis propias experiencias.»

Una buena manera de resumir el mensaje de su libro lo encontramos en lo que decía al inicio de sus cursos sobre cómo vencer el miedo: «Siempre que corremos un riesgo y entramos en un territorio poco familiar o nos colocamos en el mundo en una forma nueva, experimentamos miedo. Muy a menudo, ese miedo impide que progresemos en nuestras vidas. El secreto consiste en sentir el miedo y hacerlo de todos modos».

Según Jeffers, existen **tres niveles de miedo.**

- El miedo de nivel 1 es el de la historia superficial (el miedo al envejecimiento, el miedo al iniciar una nueva relación...).
- El miedo de nivel 2 es el que involucra la integridad del yo: Es un tipo de miedo que está relacionado con las

etapas interiores de la mente más que con situaciones exteriores (miedo al rechazo, a la desaprobación...). Refleja el sentido del yo y su capacidad de enfrentarse al mundo. «Si usted teme verse rechazado, ese miedo puede afectar a casi todas las facetas de su vida. [...] El rechazo es el mismo... dondequiera que se encuentre. De modo que usted empieza por protegerse a sí mismo y, como resultado, se limita enormemente.»

- El miedo de nivel 3 es el que inmoviliza a cualquiera; es cuando uno piensa que no puede manejar la situación. En el fondo de cada uno de los miedos está simplemente el miedo a no poder afrontar lo que pueda deparar la vida. Pero ¿qué ocurriría si supiéramos que podemos afrontar cualquier cosa? ¿A qué le tendríamos miedo? «A nada», dice Jeffers.

Susan Jeffers expone en su libro lo que ella considera **las cinco verdades acerca del miedo**:

- El miedo nunca desaparecerá mientras yo siga creciendo. Jeffers explica que mientras uno siga avanzando por la vida, luchando por conseguir sus sueños y poniendo en tensión sus facultades, experimentará miedo. Lo que no se puede hacer, según la autora, es esperar a que el miedo desaparezca para actuar. Por eso mismo cree que, al fortalecer la confianza en uno mismo, se cambia la relación que se tiene con el miedo y cambia la forma en que uno actúa.
- La única manera de liberarse del miedo a hacer algo es hacerlo.

- La única manera de sentirte mejor es... enfrentándolo.
- No soy el único sintiendo miedo en un terreno poco familiar. Les pasa igual a los demás.
- Vencer el miedo cuesta menos que convivir con un miedo subyacente que proviene de la impotencia.

La autora concluye: «Si usted no ha tenido éxito al afrontar el miedo, es probable que nunca haya comprendido las verdades del miedo y que haya interpretado el temor como señal para retroceder más que como una luz verde para avanzar. [...] Lo único que uno debe hacer para hallar la salida de la cárcel que se ha impuesto a sí mismo es reeducar sus pensamientos».

MENÚ PARA EL MIEDO
OBJETIVO DE LA SEMANA

1. Elabora una lista con tus miedos más recurrentes o, como mínimo, los que más condicionan tu día a día.
2. Dedica cada semana a enfrentarte a uno de ellos para que deje de ocupar espacio mental que te impide hacer otras cosas.
3. Empezando por el primer miedo, esta semana dedica un tiempo diario a exponerte progresivamente a aquello que tanto temor te causa.

15

Dispersión

Raúl se siente agotado últimamente y sospecha que se debe a la energía que le consume estar conectado 24 horas al día. Empieza la mañana contestando mensajes y correos electrónicos desde su teléfono. Una vez en el trabajo, facebook y Twitter le distraen constantemente y le cuesta esfuerzo concentrarse. Dedica la pausa del mediodía a ponerse al día de todas las personas a las que sigue en Twitter, por si hay algún mensaje interesante que le haya pasado por alto.

Una vez en casa, prosigue la misma locura hasta el momento en el que se mete en la cama, donde sigue trasteando la Blackberry o se lleva el portátil para visitar los blogs que no ha tenido tiempo de mirar.

Cuando finalmente apaga la luz, no duerme bien, porque el teléfono no para de vibrar anunciando la entrada de mensajes y actualizaciones que siente la necesidad de mirar.

En el trabajo ya ha sido apercibido un par de veces por la bajada de su rendimiento.

LA INFOXICACIÓN

En una conferencia realizada por Alfons Cornella, fundador de Infonomía, una consultora sobre nuevas tendencias, en el acto de entrega de títulos de los programas de Formación de Posgrados de 1999-2000, éste compartía con sus oyentes los datos de un estudio realizado en Berkeley sobre la cantidad de información que se produce a lo largo de un año: «Se produce un total de 2 hexabytes por año, es decir, 2×10^{18} bytes por año; esta cantidad de información se produce en cualquier formato, es decir, en ella están incluidas las películas, los vídeos, los documentos que se hacen en las oficinas; están incluidos los libros, todo lo que representan contenidos realizados por una persona o por una máquina, por ejemplo aquí también están incluidos los datos recogidos por satélites meteorológicos, etc.».

Aunque es una cantidad difícil de imaginar, Cornella intenta mostrar cómo ha incrementado de manera exponencial la información que recibimos en la actualidad al comparar los inputs que el estadounidense medio recibía en los años sesenta y los que se suponía que recibiría en el año 2004: «En los años sesenta, cuando empezaron a aparecer y maduraron los mass media, una persona normal tenía acceso a unas 18 estaciones de radio, 4 canales de televisión, 4.500 títulos de revistas. En el otro lado [2004] tenéis el equivalente, 18.000 títulos de revistas, 20 millones de sitios en internet, 2.400 millones de estaciones de radio en internet».

Más adelante, en la misma conferencia, Cornella exponía el hecho de que el problema real del exceso de información no es que se haya cambiado el soporte o que la tecnología avance continuamente:

El problema con el que nos enfrentamos es de orden cultural o psicológico, sociológico, como queráis. El problema de la angustia de la información, esta angustia de que tengo más información de la que puedo manejar, y por tanto yo no tengo tiempo para absorber toda esta información, es un problema que no sólo es tecnológico, como intentaré demostrar más adelante. Por mucha tecnología que definamos o que construyamos en los próximos años para resolver este problema del exceso de información, probablemente no resolveremos este problema, porque la información se multiplicará de manera mucho más rápida que la capacidad que tenemos de generar tecnología para manejar este flujo de información en exceso.

Por lo tanto, la idea a la que nos vamos a tener que acostumbrar es que gestionar información va a ser una parte cada vez más importante de nuestro trabajo.

Uno de los problemas ante el que nos encontramos a la hora de manejar el exceso de información que hallamos en los servidores de internet es encontrar o discernir la relevancia de dicha información.

Alfons Cornella ha bautizado a ese exceso de información con el término **infoxicación**, referido al «exceso informacional, de intoxicación informacional, en la que tienes más información de la que humanamente puedes procesar y, como consecuencia, surge la ansiedad (técnicamente *information fatigue syndrome*). En inglés el término es *information overload* (sobrecarga informacional). Pues bien, la infoxicación es un problema de nuestra sociedad y, por tanto, también una gran fuente de oportunidades. Cuando definí el término, Google no existía. El spam era, quizá, una predicción de algún visionario al que nadie hizo caso. La situación es hoy peor de lo que podíamos imaginar».

ECONOMÍA DE LA ATENCIÓN

El físico estadounidense Michael H. Goldhaber propuso, en un artículo que la revista *Wired* publicó en 1997, la hipótesis de que estábamos viviendo la transición de una «economía de base material» donde la moneda es el dinero, a una «economía de la atención» (concepto enunciado por Herbert Simon en 1971) donde la moneda es la atención: «Vivimos en una economía donde el bien escaso por excelencia es la atención del público, en una Economía de la Atención».

En la época en que Goldhaber expuso esta teoría, ya había una gran cantidad de información que gestionar. Actualmente, el número es mucho mayor, como señalaba Cornella en una conferencia, por lo que estamos «infoxicados». Por lo tanto, nos encontramos ante un «problema de la atención». Tal como lo enfoca Michael H. Goldhaber, dicho problema puede entenderse de la siguiente manera: «La cantidad de información que recibe la gente no para de crecer, porque la tecnología permite enviar más en menos tiempo, y porque hay más agentes que emiten hacia los receptores potenciales. Es decir, la cantidad de información crece de manera exponencial».

Por otro lado, la atención personal, es decir, la cantidad de tiempo que cada persona puede dedicar a la información que recibe, disminuye cada vez más porque debemos repartir la cantidad finita de tiempo del que disponemos a una

cantidad de atención cada vez más desbordante y de proce-
dencias diversas. **Nuestra atención es el recurso escaso**.

¿Qué se puede hacer ante este exceso creciente de información?

Alfons Cornella, en la conferencia que hemos mencionado al principio de este artículo, expone la problemática ante la
que mucha gente se encuentra a la hora de realizar búsquedas
de información en internet —cómo buscar y cómo encontrar
la relevante— y da algunas claves para intentar organizar la
búsqueda y la información. Curiosamente, estas claves siguen
siendo útiles actualmente:

> La realidad es que en este universo de exceso de informa-
> ción tendríamos que tener muy claro cuál es nuestra informa-
> ción crítica. Aquello de lo que no puedo no estar informado.
> Una vez sabes esto, sabes cuáles son tus temas; tendríamos
> que saber buscar, y no sabemos buscar. En experimentos que
> nosotros hemos hecho, Focus Group y demás, se ve que la
> gente no sabe buscar, la gente no sabe hacer preguntas a una
> máquina ni posiblemente hacer preguntas a una persona. No
> es una habilidad con la que uno nazca, sino que se trata de
> algo que puedes aprender. Saber hacer las preguntas adecua-
> das, en este momento, es más importante que saber respon-
> derlas.
>
> Después hay otro elemento importante que es el aprove-
> char el tropiezo pasivo con la información. Aprovechar el
> hecho de que te encuentras casualmente con información y
> que muchas veces no sabes qué hacer con esto. Es aquello de
> que recortas un trozo de periódico, muy bien, me he encon-
> trado con algo que me interesa, qué hago con este trozo de
> periódico, dónde lo almaceno, qué mecanismo tengo para

sistemáticamente almacenar esta información que tengo. Me he saltado una cosa, que es que previamente tienes que conocer cuáles son las fuentes, es decir, tienes que saber dónde tienes que buscar para poder buscar adecuadamente. Recapitulo: de qué me interesa estar informado, dónde lo busco, cómo lo busco, cómo gestiono lo que me encuentro por casualidad y, finalmente, cómo lo filtro de acuerdo con lo que a mí me interesa y cómo aplico esta información. [...] La forma de conseguir una mejora en la productividad personal, en el trabajo, pasa por recibir la información adecuada, suficientemente, de forma que la puedas aplicar, y esto se conseguiría con saber, cada uno de nosotros, cuáles son los cinco temas fundamentales en los que trabajas, los cinco temas secundarios y cuál es la lista de información crítica para estos cinco temas y la lista de información secundaria para los cinco temas secundarios.

La atención plena o mindfulness

Ellen Langer, profesora de Harvard y autora del libro *Mindfulness. La atención plena*, fue la madre del concepto de mindfulness o atención plena, que es el gran opuesto a la dispersión de la que hay que hacer dieta para recuperar la cabeza.

Pero ¿cómo entender el término mindfulness?

Según el psicólogo Miguel A. Vallejo «mindfulness es un término que no tiene una palabra correspondiente en castellano. Puede entenderse como atención y conciencia plena, presencia atenta y reflexiva. Los términos atención, conciencia y referencia al momento concreto están incluidos de lleno en su significado. Viene a plantear, por tanto, un empeño en centrarse en el momento presente de forma activa y reflexiva. Una opción por vivir lo que acontece en el momento actual, el aquí y el ahora, frente al vivir en la irrealidad, el soñar despierto».

Otra definición sobre el término lo encontramos en Vicente M. Simón, quien indica que mindfulness o la atención plena es «algo muy simple y familiar, algo que todos nosotros hemos experimentado en numerosas ocasiones de nuestra vida cotidiana. Cuando somos conscientes de lo que estamos haciendo, pensando o sintiendo, estamos practicando mindfulness. Lo que sucede es que habitualmente nuestra mente se encuentra vagando sin orientación alguna, saltando de unas imágenes a otras, de unos pensamientos a otros. Mindfulness es una capacidad humana universal y básica, que consiste en la posibilidad de ser conscientes de los contenidos de la mente momento a momento. Es la práctica de la autoconciencia».

Según este catedrático de psicobiología de la Universidad de Valencia, el auge que está sufriendo el concepto y la práctica del mindfulness se debe a que «los hallazgos neurobiológicos sugieren que la práctica de mindfulness activa y fortalece diversas regiones cerebrales (especialmente la corteza prefrontal) encargadas de los procesos integradores más específicamente humanos, provocando cambios morfológicos duraderos de la corteza cerebral y de los hábitos mentales. Todos estos hallazgos enriquecen y confluyen en la neurobiología Interpersonal que, al integrar conocimientos procedentes de campos muy diversos, se está revelando como una valiosa fuente de conocimientos para la práctica clínica de la psicoterapia».

El autor de *El milagro de Mindfulness*, Thich Nhat Hanh, propone un ejemplo de cómo se puede llevar a cabo la práctica de la atención plena en la cotidianeidad: «Mientras lavas los platos debes lavarlos simplemente, lo cual significa que mientras lo haces eres totalmente consciente de ello. [...] En esos momentos estoy siendo totalmente yo mismo, siguiendo mi respiración, siendo consciente de mi presencia, pensamientos y acciones».

DIRIGIR LA MENTE Y AYUDAR AL CUERPO

Los expertos en la práctica del mindfulness consideran que llevar a cabo la atención plena puede ayudar a aceptar las cosas tal y como son. No obstante, como señala el doctor Kabat-Zinn, autor de *La práctica de la atención plena*, no se debe confundir la aceptación con la resignación. «La aceptación de las cosas tal como son, muy al contrario, requiere una fortaleza y una motivación extraordinarias —especialmente en el caso de que no nos gusten— y una disposición a trabajar sabia y eficazmente como mejor podamos con las circunstancias en las que nos encontremos y con los recursos, tanto internos como externos, de que dispongamos para mitigar, curar, reorientar y cambiar las cosas que podamos cambiar.»

Otra autora que ha tratado el tema de la atención plena es Winifred Gallagher en su obra *Atención plena. El poder de la concentración*. Tras una enfermedad grave de la que consiguió recuperarse, Winifred Gallagher, una afamada investigadora, pasó más de un año buscando y analizando los beneficios de centrarse en el presente y focalizar la atención.

La psicóloga Isabel S. Larraburu, autora del libro titulado asimismo *Atención plena*, en ocasión de una entrevista en relación a la publicación de dicha obra, apuntó que **uno de los problemas de la sociedad actual, y que afecta directamente a la calidad de vida de las personas, es la multitarea**. Como indica en su libro, Larraburu considera que **vivir tan deprisa es una pérdida de tiempo, además de felicidad**. Pero ¿qué se puede hacer ante la multitarea a la que nos arrastra la sociedad?

Larraburu propone la práctica de la atención plena o mindfulness, que no consiste:

> [...] en quedarse con la mente en blanco, como aconsejan muchos manuales de meditación, sino que significa estar atento a todo lo que se vive en la vida presente, dándole prioridad máxima a lo que se hace en cada momento. Incluso en acciones tan sencillas como lavar los platos, el consejo es hacerlo poniendo todos los sentidos para tratar de concentrarnos en el presente. Se trata de hacer una cosa en cada momento y muy concentrado. Si estamos lavándonos los dientes, deberíamos sentir cómo fluye el agua en nuestra boca y el movimiento del cepillo... Así se vive la vida con más plenitud, y se puede ser una persona más armoniosa, más feliz. Esta técnica, que se está utilizando con éxito en adultos para tratar diferentes patologías psicológicas, puede aprenderla cualquier persona.

> [...] Estamos viviendo a una velocidad que en otras épocas sería imposible de imaginar. Tenemos que asimilar tal cantidad de cambios tan rápido que es inevitable que la adaptación de la persona no esté a la altura. Cada adaptación crea una crisis. Lo que estamos viviendo es una aceleración de los

cambios y, por tanto, el hecho de vivir muchas crisis personales. Y todo eso en una sola vida. Hoy nos casamos varias veces, cambiamos de trabajo a menudo... Eso sería inimaginable antes. Y esto está repercutiendo en la salud psicológica de las personas porque crea un estrés tremendo debido a las cargas que hay que asumir.

LA PRÁCTICA DE LA ATENCIÓN PLENA

Israel Mañas Mañas, autor del estudio *Mindfulness (Atención plena): la meditación en psicología clínica*, expone que el estado de mindfulness es una habilidad y, por lo tanto, es susceptible de ser aprendida y practicada. Aunque la práctica de la atención plena puede llevarse a cabo de diversas maneras, uno de los ejemplos que expone Mañas es un ejercicio básico expuesto por el doctor Kabat-Zinn:

1. Adoptemos una postura cómoda, tumbados de espaldas o sentados. Si optamos por sentarnos, mantengamos la columna recta y dejemos caer los hombros.
2. Cerremos los ojos si así nos sentimos más cómodos.
3. Fijemos la atención en el estómago y sintamos cómo sube y se expande suavemente al inspirar, y desciende y se contrae al espirar.
4. Mantengámonos concentrados en la respiración «estando ahí» con cada inspiración y espiración completas, como si cabalgásemos sobre las olas de nuestra respiración.
5. Cada vez que nos demos cuenta de que nuestra mente se ha alejado de la respiración, tomemos nota de qué es lo que la apartó y devolvámosla al estómago y a la sensación de cómo el aire entra y sale de él.

6. Si nuestra mente se aleja mil veces de la respiración, nuestra «tarea» será sencillamente la de devolverla cada una de ellas a la respiración sin que nos importe en lo que se haya involucrado.

7. Practiquemos este ejercicio durante quince minutos todos los días y en el momento que más nos convenga, y veamos cómo nos sentimos al incorporar una práctica disciplinada de la meditación en nuestras vidas. Percatémonos de lo que se siente al pasar un rato todos los días nada más que estando con nuestra respiración y sin tener que hacer nada.

EL PODER DE LA CONCENTRACIÓN

En una entrevista aparecida en «La Contra» de *La Vanguardia*, Laurence Freeman, director de la Comunidad Mundial para la Meditación Cristiana, habla del poder de la concentración y la meditación. Al hablar del deseo y del sufrimiento, que surge por el conflicto de deseos a causa de no saber realmente qué queremos, Freeman afirma que la meditación nos puede ayudar a comprender qué es lo que realmente queremos. ¿Y qué es?

Según las palabras de este experto en meditación, «hallar nuestro yo verdadero. El bienestar está íntimamente conectado a nuestra manera de prestar atención a las otras personas para poder verlas tal cual son, sin proyectar nuestros propios deseos y miedos sobre ellas. El siguiente nivel de conocimiento es descubrir que cuando prestamos atención de esa forma estamos amando. Es sencillo. [...] Vivimos en una sociedad con unos valores materiales excesivos, ya no interiorizamos los valores espirituales, y eso crea personas indefensas y heridas. Enseñar a meditar a los niños, a poner atención, es lo más importante que podemos hacer».

HAZ UNA COSA A LA VEZ

Tony Schwartz es el presidente y director ejecutivo de The Energy Project y el autor de *Be Excellent at Anything*. En un escrito sobre **la magia de hacer una cosa a la vez**, enfocado sobre todo al terreno laboral, se pregunta la razón de que entre el 25 y el 50 % de las personas digan estar agobiadas o quemadas por el trabajo: «No es sólo el número de horas que trabajamos —responde—, sino también el hecho de que pasamos demasiadas horas seguidas haciendo malabares con demasiadas cosas a la vez. [...] Lo que hemos perdido, sobre todo, son los momentos de pausa, las líneas y las fronteras que delimitan cuándo parar, cuándo acabar. La tecnología las ha borrado y ya no se reconocen. Vayamos a donde vayamos, nuestro trabajo nos sigue, en nuestro dispositivos electrónicos, insistente e intrusivo. Es como un picor que no podemos evitar rascar, incluso cuando sabemos que rascarnos lo hace peor».

Para Schwartz, el mayor coste de este comportamiento, asumiendo que uno no se hunda a causa del estrés y la saturación de trabajo, es la productividad en el trabajo. «En parte, eso es una consecuencia de dispersar tu atención, por lo que estás concentrado en múltiples actividades, pero sin estar concentrado en ninguna. En parte, también es porque cuando desconectas de una tarea principal para hacer algo más, aumenta el tiempo que necesitas para realizar dicha tarea. [...] Pero, sobre todo, es porque si siempre estás haciendo algo, tus reservas de energía se van quemando día a día, por lo que te quedan cada vez menos cuando pasan las horas.»

MENÚ PARA LA DISPERSIÓN
OBJETIVO DE LA SEMANA

1. A partir de hoy mismo, establecerás unos horarios de desconexión de teléfono, mensajes, correos electrónicos y redes sociales. Como muy tarde, una hora después de haber llegado a casa debes apagar estos aparatos que reclaman tu atención, y no los conectarás hasta la mañana siguiente.
2. Evita por encima de todo llevarte a la cama el smartphone, la tablet o el ordenador portátil.
3. Mientras trabajes, mantén apagado facebook, Twitter y cualquier otra red social que distraiga tu atención, a no ser que forme parte de tu tarea. No atiendas tampoco a los mensajes de WhatssApp.
4. Para responder cualquier mensaje personal, reserva dos momentos al día (por ejemplo, a la hora del desayuno y al llegar a casa) y evita estar alerta el resto del tiempo.

16

Hipersensibilidad

Abel está siempre con los nervios de punta y siente que el mundo se ha confabulado para amargarle la vida. Cuando acude a la autoescuela donde imparte sus clases, los materiales nunca están como él los ha dejado, cosa que le irrita profundamente. Encuentra que muchos de sus alumnos son maleducados e irrespetuosos con él, sea porque no prestan suficiente atención —Abel ha prohibido usar los smartphones en clase—, o porque hacen preguntas sobre cosas que ya ha explicado.

Pese a su profesión, o quizá justamente por ella, cuando está al volante se pelea cada diez segundos con algún conductor.

Una vez en casa, discute a menudo con su pareja porque hace planes sin haberle consultado previamente.

Cuando se acuesta, lleva tanto enfado acumulado que le cuesta conciliar el sueño, ya que no cesa de repasar la lista de afrentas.

Su vida se ha convertido en un infierno.

¿Hipersensibilidad o susceptibilidad?

Según la psicóloga clínica Virginia Tejada, «entendemos la susceptibilidad como una hiperalgesia afectiva, esto es, como un aumento de la sensibilidad cuando los acontecimientos provocan un impacto emocional mayor al habitual. De alguna manera, la susceptibilidad corresponde a estados de máxima receptividad, tanto para lo bueno como para lo malo».

La psicóloga Susanna Tres, en un artículo para la revista *CuerpoMente* sobre el don de la sensibilidad, diferencia a los sensibles de los susceptibles de la siguiente manera: «Cuando una persona ha sido maltratada sin poderse defender, desarrollará una sensibilidad muy acusada ante aquello que le recuerda su experiencia negativa. Esta sensibilidad unida al miedo y a la ira puede dar lugar a lo que llamamos susceptibilidad. El susceptible se pone automáticamente a la defensiva, ya sea cerrándose o reaccionando con rabia ante la más mínima señal de lo que cree un ataque. También puede llegar a imaginarse lo peor antes de comprobar cómo es la realidad. Para superar la susceptibilidad hay que recuperar la capacidad de analizar lo que sucede y defenderse de lo negativo».

En este mismo artículo, Susanna Tres expone un ejemplo de persona hipersensible: un hombre que dejó de trabajar en la oficina y empezó a trabajar en casa porque cada vez que el ambiente se ponía tenso, lo pasaba mal. Esta psicóloga explica que, a pesar de ser considerado un buen profesional, a este hombre a veces le gustaría ser como los demás. «Ricardo piensa que no es suficientemente sociable, fuerte o ambicioso. Consiguió sentirse mejor con él mismo cuando tomó conciencia de que era una persona hipersensible y aprendió a cuidar de sus necesidades. Las personas como Ricardo se caracterizan por ser muy sensibles a lo que ocurre en su entorno. Su percepción de los estímulos externos (luces, sonidos, movimientos), así como de los estímulos internos (hambre, frío, dolor), es especialmente fina.»

Según esta autora, las personas hipersensibles son altamente intuitivas. «Poseen una conciencia clara de lo que sucede o puede suceder. En contrapartida, se ven abrumadas más fácilmente cuando están sometidas a un entorno estimulante. Si se ven expuestas a mucho estrés se vuelven susceptibles, tímidas e irritables.»

La psicóloga clínica Trinidad Aparicio describe con los siguientes rasgos **el perfil del sujeto hipersensible**:

- Tiene una baja autoestima y es muy vulnerable emocionalmente.
- Pierde el control cuando sospecha que murmuran sobre él o cuando se siente atacado por algún comentario.
- Le afecta cualquier opinión y continuamente piensa en lo que debería haber respondido en el momento de «ser atacado».
- Tiene menos en cuenta los comentarios positivos que las críticas o comentarios negativos.
- Busca el reconocimiento externo en todo lo que hace y se valora en función de la opinión de su entorno.
- Sus reacciones son imprevisibles.

Personas altamente sensibles

De hecho, las personas altamente sensibles tienen una gran necesidad de estima, pero, a su vez, tienen una visión muy subjetiva de lo que ocurre a su alrededor.

Como explica el psicólogo clínico Javier Heras, «debido a su capacidad para captar matices y sutilezas que a los demás pasan inadvertidas, los hipersensibles a menudo aportan a su trabajo y relaciones una buena dosis de visión y humanidad». Normalmente estas personas suelen tener reacciones emocionales intensas, reaccionan inmediatamente con los sentimientos y después racionalizan.

Según la terapeuta Marina B. Rolandelli, la hipersensibilidad se desarrolla en las etapas de la vida de la siguiente manera: «De niño, el hipersensible construye un mundo de fantasías porque percibe una realidad que le hiere y le provoca angustia y miedo. En la adolescencia se siente incomprendido, y sólo porque no encuentra con quién compartir sus emociones. En la madurez, el hipersensible sufre también en su relación de pareja: nunca está satisfecho con la demostración afectiva del otro; se muestra inseguro, acaparador, absorbente y celoso. Magnifica las escenas cotidianas porque no encuentra la clave para regular las emociones, lo que provoca una permanente crisis de insatisfacción y angustia».

Algunos estudios han postulado que existe una predisposición heredada a la hipersensibilidad. Como explica la psicóloga Susanna Tres, «a los bebés sensibles les cuesta más que a los demás bebés adaptarse a los cambios. [...] Los niños sensibles pueden necesitar más tiempo para atreverse a explorar. Si los criticamos por su lentitud o los forzamos a actuar antes de sentirse preparados, pueden llegar a acumular experiencias negativas que los hagan temerosos o irascibles».

CARL G. JUNG Y LOS TIPOS PSICOLÓGICOS

En su libro *Tipos psicológicos*, este conocido psicoanalista describió los tipos generales de carácter según la actitud (tipo extravertido y tipo introvertido) y los tipos funcionales, según la función que más predomina en ellos (pensamiento, sentimiento, sensación o intuición). Así, estableció una serie de tipologías al relacionar actitudes y funciones: **tipos racionales** (reflexivo extravertido; sentimental extravertido; reflexivo introvertido; sentimental introvertido) y **tipos irracionales** (perceptivo extravertido; intuitivo extravertido; perceptivo introvertido; e intuitivo introvertido).

Jung resumió esta teoría diciendo que «los seres humanos se distinguen en extravertidos o introvertidos de acuerdo con su actitud respecto al mundo exterior y al mundo interior».

Según la psicóloga junguiana Irene Ulloa: «Los extravertidos tienen el centro de su personalidad ligeramente desplazado hacia la conciencia y su energía psíquica se orienta principalmente hacia el mundo exterior. Son personas que buscan la adaptación al entorno y tienen mayor capacidad comunicativa. Por su parte, los introvertidos tienen el centro de la personalidad ligeramente desplazado hacia el inconsciente, son personas que sienten gran atracción hacia su mundo interior, lo cual los lleva a abstraerse del mundo exterior».

¿POR QUÉ NOS GUSTA SUFRIR?

María Jesús Álava Reyes, autora de *La inutilidad del sufrimiento. Claves para aprender a vivir de manera positiva*, sostiene que hay una tendencia a comprender de manera errónea tanto la sensibilidad como el sufrimiento. En una entrevista realizada por Álvaro Colomer en el año 2009, comentó así esta cuestión:

> Desde pequeños nos enseñan a estar mucho más atentos a los aspectos negativos de la vida que a los positivos. Y ése es el motivo por el que el sufrimiento está bien visto en España. Aquí una persona que sufre en el trabajo parece responsable, mientras que una que no sufre parece un inconsciente. Lo que todo el mundo debe comprender es que la sensibilidad no depende del sufrimiento. Es sensible quien se conmueve ante la adversidad, quien ayuda a los demás, quien tiene empatía, pero quien a su vez no se derrumba ante un problema, mantiene un punto de esperanza, lucha por el futuro. Sin embargo, en este país tendemos a pensar que la sensibilidad sólo es patrimonio de las personas que se derrumban ante el más mínimo problema. Y eso es un error educacional. En España todavía se aplaude a quien tiene un sentimiento trágico de la vida.

Esta psicóloga también se adentra en el análisis de las personas susceptibles y el tipo de relación que se establece con los demás:

> La interacción con una persona muy susceptible suele seguir este ritual: relación buena y correcta mientras la otra persona mesure mucho sus palabras y esté pendiente de lo

que no debe decir o hacer hasta que, inevitablemente, surge algo imprevisto. El susceptible no puede controlar entonces sus reacciones, no puede evitar sentirse ofendido por todo, aunque sea consciente de que actuando de esta manera se está alejando de las personas de su entorno.

Nuevamente la opinión ajena

En un artículo de Gaspar Hernández titulado «Imposible gustar a todo el mundo», el periodista y escritor le dedica un apartado a la hipersensibilidad y a la susceptibilidad: «La persona demasiado susceptible tiende a valorar la opinión de los demás por encima de la propia y suele ser muy permeable a las críticas y los elogios; suelen ser personas altamente sensibles, que pueden caer en el victimismo extremo e interpretar cualquier comentario, incluso una mirada, como una ofensa. Los susceptibles suelen ser personas desconfiadas, con una autoestima baja, y eso les hace parecer enemigos del mundo, cuando en realidad son enemigos de ellos mismos. Lo más habitual es que su hipersensibilidad los aísle del mundo, que pierdan amistades y que les cueste adaptarse a cualquier empresa».

Hernández explica que, normalmente, las personas susceptibles creen que necesitan la aprobación y el amor de todo su entorno para sentir que valen algo, y eso es una fuente de ansiedad, porque queda claro que no podemos gustar a todo el mundo.

Este especialista en crecimiento personal, autor de la novela inspiracional *El silencio*, menciona una imagen que utiliza la psicóloga Mercè Conangla para explicar a qué se refiere al hablar de una persona susceptible: «Es como si a esa persona le faltara la piel, y que por eso todo le duele, por eso vive sufriendo». El extremo contrario, Conangla lo sitúa «en las personas que no son capaces de sentir empatía, o solidaridad, a las que todo lo que se diga sobre ellas o sobre el mundo que les rodea les resbala. Por eso el camino del medio es, como siempre, el más sensato: la sensibilidad. Y eso es algo que se ha de construir a partir de herramientas brindadas por experiencias vitales que recolectamos y que nos van enseñando a solidarizarnos y a aislarnos a partes iguales».

EL DON DE LA SENSIBILIDAD

Un estudio realizado en Estados Unidos reveló que una de cada cinco personas padece hipersensibilidad. De acuerdo con la definición de la doctora Elaine Aron, autora del libro *El don de la sensibilidad*, la persona altamente sensible tiene un sistema nervioso más vulnerable que el resto, capta de manera extraordinaria las sutilezas en su entorno y se abruma fácilmente ante cualquier situación o ambiente de tensión.

Según explica Elaine Aron, las personas altamente sensibles procesan los estímulos que llegan a sus sentidos de una manera muy profunda. Son más dadas a reflexionar y, en general, son más intuitivas y tienen una mayor empatía. La parte negativa de esta capacidad es que se ven más afectadas por las emociones o los sucesos negativos de su entorno. Además, se alteran fácilmente con imágenes o sonidos fuertes.

La doctora Aron explica que antes las personas altamente sensibles eran tildadas de tímidas o introvertidas, pero esas etiquetas son falsas. Hay estudios que demuestran que aproximadamente el 30 % de las personas altamente sensibles son en realidad extravertidos, aunque es cierto que la timidez puede ser una de las características de los hipersensibles.

Según Aron, ninguna persona nace tímida, pero puede haber una mayor predisposición a la timidez, que se desarrolla o no en función de las experiencias sociales vividas en la infancia, por lo que existe una mayor probabilidad de que las personas altamente sensibles desarrollen una mayor timidez si se encuentran ante situaciones desagradables durante los primeros años de su vida.

PLAN DE ACCIÓN CONTRA LA SUSCEPTIBILIDAD

Dado que todo el mundo es susceptible en un grado u otro, los siguientes consejos de los especialistas son muy útiles para facilitar la comunicación y evitar fricciones innecesarias:

- Poner las opiniones en cuarentena: En caliente, podemos dramatizar situaciones que 24 horas más tarde resultan insignificantes. Por ello es totalmente desaconsejable enviar un correo electrónico cuando estemos enfadados.
- No juzgar: Cuando manifestamos un juicio sobre alguien, nos vemos obligados a emitir un veredicto e incluso a aplicarle un castigo psicológico que también recaerá, de un modo u otro, sobre nosotros.
- Evitar pronosticar conductas ajenas: Muchos conflictos tienen su origen en la mente de la persona suscepti-

ble, que prevé una reacción hostil por parte del otro, o bien espera alguna gratificación por un favor realizado. Para evitar decepciones, dejemos de proyectar qué tiene que suceder.

- Cultivar la flexibilidad: De acuerdo con el proverbio indio «es más fácil calzarte unas zapatillas que alfombrar el mundo entero», el mejor remedio contra la susceptibilidad es la práctica de la empatía.

- Valorar el hecho, no la persona: El impacto psicológico de cualquier crítica es mucho más suave si no enjuiciamos a la persona en su conjunto. Al valorar el hecho en sí no atacamos la autoestima del otro.

- Prevenir conflictos: Puesto que cada enfado supone luego gastar mucha energía mental para mantenerlo o reconducir la situación, la persona hipersensible debe evitar perder el control a toda costa.

MENÚ PARA LA SUSCEPTIBILIDAD
OBJETIVO DE LA SEMANA

1. La misión de esta semana es no ofenderte por la actitud de nadie a no ser que se destape un conflicto de importancia.
2. Dejarás de interpretar lo que los demás creen que opinan de ti para prestar atención sólo a los hechos relevantes: palabras y hechos.
3. Evita en lo posible a aquellas personas que tienen la habilidad de sacarte de tus casillas.

17

La apatía

Desde que falleció su pareja tras una larga enfermedad, Ana ha perdido la motivación para vivir. Acostumbrada a velar por una persona que requería toda clase de cuidados, ahora se siente inútil. Por otra parte, todos estos años ha desatendido las relaciones sociales y no se atreve a restablecer el contacto con amigos a los que no ve hace años.

Resignada a ver pasar los días, le han recomendado que tome parte en talleres y cursos diversos, pero está demasiado apática para dar el primer paso.

El día que descubre en un viejo arcón el violín que tocaba de adolescente, una ilusión olvidada vuelve a encenderse en su pecho. Inmediatamente después busca en internet un profesor de violín cerca de donde ella vive.

Tras fijar la primera cita, por primera vez en mucho tiempo siente que su vida se mueve.

DESIDIA

Enrique Rojas, del cual ya hemos mencionado su libro *La conquista de la voluntad*, explica que «el hombre con poca voluntad está amenazado, porque, poco a poco, se vuelve más frágil y cualquier cosa, por pequeña que sea, le hace desviarse de lo trazado. Se escabulle de la obligación para escoger lo que le apetece, lo que más le gusta en ese momento concreto, porque lo contrario le cuesta mucho».

En este mismo libro, este psiquiatra y escritor apunta a una enfermedad psicológica a la que denomina el **síndrome apático-abúlico-asténico**, que sirve para comprender qué es la apatía, la desidia o la desmotivación:

> Apatía significa etimológicamente falta de afectividad o, lo que es lo mismo, una resonancia sentimental casi nula, como si alguien careciera de sentimientos.
>
> La apatía se define como una indiferencia absoluta y que paraliza todo el campo de la afectividad. Está caracterizada por la desidia, el abandono, la pasividad, la frialdad; en una palabra, la insensibilidad para captar todo lo humano... Todo se mueve hacia la inercia, el aburrimiento y la ambigüedad.
>
> La abulia es esencialmente un estado vinculado al campo de la voluntad y que puede definirse así: falta o disminución muy acusada de la voluntad, aunque la disminución de la misma es más correcta llamarla hipobulia. La actividad no se dirige a ningún punto, no hay meta que alcanzar, porque se está supeditado a una situación en la que lo más importante es la desmotivación. [...]
>
> La desmotivación es una actitud gélida que conduce a la falta de acción; es la indefinición por excelencia de las acciones que se encaminan hacia algún punto. [...]
>
> Por último, la astenia, que puede ser definida como un cansancio anterior al esfuerzo.

Otros psicólogos definen la apatía como un trastorno de la afectividad que se caracteriza por la «impasibilidad de ánimo, estado de indiferencia frente a las personas, el medio o los acontecimientos», lo cual provoca en quien lo sufre una incapacidad para expresarse de forma efectiva ante los estímulos externos e internos.

Para combatirla, vamos a profundizar en un enfoque que ya hemos definido anteriormente en el libro: la logoterapia. Probablemente, la terapia diseñada por Viktor Frankl sea la mejor para despertar de su letargo a la motivación.

ENCONTRAR UN SENTIDO

Para la logoterapia, la motivación más fuerte que existe es la voluntad de sentido. El hombre no busca exclusivamente satisfacer sus instintos siguiendo el principio del placer o la búsqueda del poder.

Como dice Frankl en su libro:

La búsqueda por parte del hombre del sentido de la vida constituye una fuerza primaria y no una «racionalización secundaria» de sus impulsos instintivos. Este sentido es único y específico en cuanto es uno mismo y uno solo quien tiene que encontrarlo; únicamente así logra alcanzar el hombre un significado que satisfaga su propia voluntad de sentido. Algunos autores sostienen que los sentidos y los principios no son otra cosa que «mecanismos de defensa», «formaciones y sublimaciones de las reacciones». Por lo que a mí toca, yo no quisiera vivir simplemente por mor de mis «mecanismos de defensa», ni estaría dispuesto a morir por mis «formaciones de las reacciones». El hombre, no obstante, ¡es capaz de vivir e incluso de morir por sus ideales y principios!

Hace unos cuantos años, se realizó en Francia una encuesta de opinión. Los resultados demostraron que el 80 % de la población encuestada reconocía que el hombre necesita «algo» por qué vivir. Además, el 61 % admitía que había algo, o alguien, en sus vidas por cuya causa estaban dispuestos incluso a morir. Repetí esta encuesta en mi clínica de Viena tanto entre los pacientes como entre el personal y el resultado fue prácticamente similar al obtenido entre las miles de personas encuestadas en Francia; la diferencia fue sólo de un 2 %. En otras palabras, la voluntad de sentido para muchas personas es cuestión de hecho, no de fe.

7 MEDIDAS CONTRA LA APATÍA

- Etiqueta tus hábitos: Divide un folio en dos columnas y escribe a la izquierda los hábitos que te aportan bienestar. Enumera a la derecha aquellos otros, en cambio, que te generan apatía y desazón. Ponte como objetivo eliminar cada semana uno de estos hábitos negativos.
- Innova cada día: Plantéate como reto personal hacer cada jornada al menos una cosa que nunca antes habías hecho: tomar un camino nuevo hacia el trabajo, charlar con alguien con quien sólo tenías una relación superficial o leer un libro que te aporte una nueva visión.
- Apaga el televisor: Es un gran ladrón de tiempo y, mal empleado, convierte los hogares en el cuartel general de la inercia. En lugar de encenderlo al llegar a casa o sentarte ante él «a ver qué echan», utilízalo sólo para ver aquel programa que te interesa especialmente.
- Traza pequeños planes a corto plazo. Un dicho budista reza: «La ayuda lenta no es ayuda». Del mismo modo, si

Sin embargo, apunta Frankl, es importante recordar que la voluntad de sentido del hombre puede frustrarse. En ese caso, la logoterapia habla de **frustración existencial**. El término existencial, dice Frankl, se puede utilizar de tres maneras:

1. Para referirse a la propia existencia; es decir, el modo de ser específicamente humano.
2. El sentido de la existencia.
3. El afán de encontrar un sentido concreto a la existencia personal, o lo que es lo mismo, la voluntad de sentido.

---

prevemos introducir cambios a muy largo plazo, es probable que se diluyan por el tiempo. Es mucho más eficaz volcarte en proyectos que puedas empezar ahora mismo.

- Cambia de ambiente: A menudo la inercia nos viene dada por los lugares y personas que frecuentamos en nuestro tiempo libre. Dado que no podemos cambiar cada semana de trabajo, es saludable que los fines de semana sean un espacio para la variación y la espontaneidad.

- Deja de quejarte: Los hábitos mentales negativos son el freno más importante para que nuestra vida pueda despegar. En especial, una actitud de queja constante agota a la persona —y a su entorno— y deja poca energía libre para realizar cambios efectivos.

- Toma vitamina «I»: De Imaginación, sólo encontrarás esta medicina en la farmacia de tu mente. Para romper con la inercia hay que imaginar antes una vida alternativa. Una vez visualizada, diseña sin demora las actuaciones que te llevarán hacia esa nueva situación.

Esta frustración existencial puede llevar a una neurosis, lo que en logoterapia se conoce como **neurosis noógena**, en contraste con la neurosis en sentido estricto, es decir, la neurosis psicógena.

Las neurosis noógenas tienen su origen no en lo psicológico, sino más bien en la dimensión noológica (del griego *noos*, que significa mente) de la existencia humana. Este término logoterapéutico denota algo que pertenece al núcleo «espiritual» de la personalidad humana. No obstante, debe recordarse que dentro del marco de referencia de la logoterapia, el término «espiritual» no tiene connotación primordialmente religiosa, sino que hace referencia a la dimensión específicamente humana.

[...] Para la logoterapia, las neurosis noógenas no nacen de los conflictos entre impulsos e instintos, sino más bien de los conflictos entre principios morales distintos; en otras palabras, de los conflictos morales o, expresándonos en términos más generales, de los problemas espirituales, entre los que la frustración existencial suele desempeñar una función importante.

Resulta obvio que en los casos noógenos, la terapia apropiada e idónea no es la psicoterapia en general, sino la logoterapia, es decir, una terapia que se atreva a penetrar en la dimensión espiritual de la existencia humana. De hecho, logos en griego no sólo quiere decir «significación» o «sentido», sino también «espíritu». La logoterapia considera en términos espirituales temas asimismo espirituales, como pueden ser la aspiración humana por una existencia significativa y la frustración de este anhelo.

La vida espera algo de nosotros

Como ejemplo de la importancia de esta búsqueda, en el libro *El hombre en busca de sentido*, Frankl habla de su experiencia en los campos de concentración y de la importancia de no pensar que es inútil esperar nada más de la vida. **Es importante tener una meta, un porqué del vivir**.

Lo que de verdad necesitamos es un cambio radical en nuestra actitud hacia la vida. Tenemos que aprender por nosotros mismos y, después, enseñar a los desesperados que en realidad no importa que no esperemos nada de la vida, sino si la vida espera algo de nosotros. Tenemos que dejar de hacernos preguntas sobre el significado de la vida y, en vez de ello, pensar en nosotros como en seres a quienes la vida les inquiriera continua e incesantemente. Nuestra contestación tiene que estar hecha no de palabras ni tampoco de meditación, sino de una conducta y una actuación rectas. En última instancia, vivir significa asumir la responsabilidad de encontrar la respuesta correcta a los problemas que ello plantea y cumplir las tareas que la vida asigna continuamente a cada individuo.

Dichas tareas y, consecuentemente, el significado de la vida, difieren de un hombre a otro, de un momento a otro, de modo que resulta completamente imposible definir el significado de la vida en términos generales. Nunca se podrá dar respuesta a las preguntas relativas al sentido de la vida con argumentos especiosos. «Vida» no significa algo vago, sino algo muy real y concreto, que configura el destino de cada hombre, distinto y único en cada caso. Ningún hombre ni ningún destino pueden compararse a otro hombre o a otro destino. Ninguna situación se repite y cada una exige una respuesta distinta; unas veces la situación en que un hombre se encuentra puede exigirle que emprenda algún tipo de acción; otras, puede resultar más ventajoso aprovecharla para meditar y sacar las consecuencias pertinentes. Y, a veces, lo que se exige al hombre puede ser simplemente aceptar su destino y cargar con su cruz. Cada situación se diferencia por su unicidad, y en todo momento no hay más que una única respuesta correcta al problema que la situación plantea.

MENÚ PARA LA APATÍA
OBJETIVO DE LA SEMANA

1. Ponle a tu semana una pequeña meta que te motive a luchar por ella. Por ejemplo, bajar un poco de peso, aprender 25 palabras en el idioma que estás estudiando, tocar una pieza musical, llamar a amigos a los que tienes olvidados.

2. Si te sientes apático y no tienes ninguna misión que te motive, ni grande ni pequeña, vas a tener una: buscar ese objetivo —algo que te haga sentir útil y activo— que dé sentido a la semana. Tu meta será encontrar un motivo por el que levantarse de la cama.

18

Impaciencia

Desde pequeño, Juan demostró ser inteligente y habilidoso en multitud de cosas. En la escuela sacaba las mejores notas, era la estrella de su equipo de fútbol y no había tarea que se le resistiera.

Sin embargo, al llegar a la adolescencia se ha encontrado con un problema inesperado: no termina nada de lo que empieza. Tras dejar el fútbol, ha cambiado varias veces de deporte sin llegar a destacar en ninguno. Cuando empieza a estudiar para una asignatura, enseguida lo deja para ponerse en otra que pueda abordar con más rapidez.

Incluso se ha cansado de sus amigos de toda la vida. Sus conversaciones le parecen aburridas y ha buscado el aliciente de nuevas amistades. Pero también éstas agotan su paciencia.

Juan se siente muy frustrado porque su vida parece no ir a ningún sitio. ¿Qué hacer?

Una fábula japonesa que se utiliza a menudo para ilustrar el valor de la paciencia cuenta que un agricultor japonés decidió un día plantar bambú. Había estudiado bien algo muy curioso que sucede con el bambú japonés y que lo convierte en no recomendable para impacientes: siembras la semilla, la abonas, tienes que regarla constantemente y durante mucho tiempo no pasa nada.

En realidad, no pasa nada con la planta durante los primeros siete años, hasta tal punto que un cultivador inexperto estaría convencido de haber comprado semillas estériles.

Sin embargo, durante el séptimo año, en un período de sólo seis semanas la planta de bambú crece... ¡más de 30 metros! ¿Tardó sólo seis semanas en crecer? No, la verdad es que se tomó siete años y seis semanas en desarrollarse.

Durante los primeros siete años de aparente inactividad, el bambú estaba generando un complejo sistema de raíces que le permitiría sostener el crecimiento que iba a tener después.

El coach Pablo Tovar explica que utiliza a menudo esta fábula en sus cursos para transmitir la lenta y secreta sabiduría del bambú: «En la vida cotidiana queremos encontrar soluciones rápidas y triunfos inmediatos, sin entender que el éxito es simplemente resultado de un crecimiento interno que requiere tiempo. Seguro que todos reconocemos períodos en nuestra vida en los que esforzándonos en conseguir algo parecía que no avanzábamos, para de repente darnos cuenta de que habíamos alcanzado un nuevo hito, una nueva capacidad o dominio».

BENEFICIOS DE LA PACIENCIA

Éstas son sólo algunas ventajas de adoptar una actitud paciente en todos los ámbitos de nuestra vida. Desde el familiar al profesional, así como en cualquier situación en la que intervengan las relaciones humanas:

- Previene la ira y la frustración: Estas emociones negativas provocadas por la impaciencia están detrás de muchos trastornos emocionales y psicológicos, como la depresión.
- Facilita las relaciones con los demás: Un carácter paciente evita juzgar precipitadamente las personas de su entorno y reaccionar de manera impulsiva y desproporcionada.
- Reduce los errores: Sopesar una situación con tiempo suficiente disminuye la posibilidad de tomar una decisión equivocada y permite afrontar cualquier contrariedad con garantías.
- Preserva la salud: La paciencia como modo de vida desacelera el ritmo cardíaco y la tensión arterial, y previene muchas enfermedades relacionadas con el estrés.

La paciencia tiene, además, una importante función reguladora: media entre nuestro mundo interior —nutrido por nuestros anhelos y deseos— y el mundo exterior. Es un engranaje que nos permite conciliar ambos y alcanzar nuestros propósitos con el mínimo desgaste. Por lo tanto no supone ningún freno, sino que optimiza nuestros propios recursos.

LA LECCIÓN DEL ERMITAÑO

En el libro *El poder de la paciencia*, uno de los más célebres del Dalai Lama, encontramos un texto introductorio realizado por el traductor del mismo que expone, a su vez, una fábula que los monjes tibetanos cuentan a sus alumnos.

La historia cuenta el encuentro entre un ermitaño, que vivía solo en las montañas, y un pastor:

> Un día el pastor pasó por casualidad por delante de la cueva del ermitaño. Intrigado, le preguntó a gritos:
> —¿Qué haces solo en mitad de ninguna parte?
> El ermitaño respondió:
> —Estoy meditando.
> —¿Y sobre qué meditas? —inquirió el pastor.
> —Sobre la paciencia —dijo el ermitaño.
> Hubo un momento de silencio. Al cabo de un rato, el pastor decidió marcharse. Mientras se daba la vuelta para irse se dirigió al ermitaño y le gritó:
> —Por cierto, ¡vete al infierno!
> Éste respondió de inmediato:
> —¿Qué has dicho? ¡Vete tú al infierno!
> El pastor soltó una carcajada y recordó al ermitaño que estaba allí para practicar la paciencia.

Esta historia sirve para ilustrar que la paciencia no se puede cultivar de modo aislado, sino que es una cualidad que se debe desarrollar en relación a los demás.

Más adelante, en nota al pie, intenta explicar el concepto de paciencia que se expone en el libro:

Al recomendar la práctica de la paciencia, Shantideva no nos dice que debemos someternos a los abusos y la dominación de los demás. Ni tampoco nos aconseja que aceptemos sin más el sufrimiento y el dolor. Lo que propugna es la adopción de una postura firme frente a la adversidad. En su ponencia, el Dalai Lama hace una distinción entre la sumisión y la tolerancia, y señala que la auténtica tolerancia sólo puede surgir cuando se ha decidido de un modo consciente no utilizar venganza para defenderse de un daño real o imaginado. El punto clave de este argumento es que la decisión se debe tomar de un modo consciente. Aunque ni Shantideva ni el Dalai Lama dan una definición precisa de la paciencia, este término se podría definir del siguiente modo: de acuerdo con la concepción budista de este principio, la paciencia (*soe-pa*) es una respuesta firme contra la adversidad que nace de un temperamento equilibrado e imperturbable ante cualquier problema externo o interno.

El análisis de Shantideva sobre la paciencia debe ser interpretado en el contexto de lo que podríamos denominar **las tres características de la paciencia**:

1. La tolerancia basada en una aceptación consciente del dolor y la adversidad.
2. La tolerancia que se deriva de la reflexión sobre la naturaleza de la realidad.
3. La tolerancia de las ofensas de los demás.

Más adelante, el mismo Dalai Lama hace esta bella y profunda reflexión sobre los inesperados maestros que, en nuestro día a día, nos educan en el arte de la paciencia:

Nunca debemos excusarnos y decir que nuestros enemigos nos impiden practicar la calma, y que ésta es la causa de nuestra irritación. Si no somos pacientes, no estamos practicando con sinceridad. No podemos decir que el mendigo sea un obstáculo para la generosidad, ya que es justamente su razón de ser. Por otra parte, las personas que nos irritan y ponen a prueba nuestra paciencia son relativamente pocas. Y tenemos necesidad de personas que nos ofendan para ejercitar la paciencia. Encontrar un verdadero enemigo es tan poco frecuente que deberíamos alegrarnos de verle y apreciar los beneficios que nos regala. Merece ser el primero a quien ofrezcamos los méritos que él mismo nos permitirá adquirir, y es digno de respeto por el solo hecho de permitirnos practicar la paciencia.

EL ARTE DE LA PACIENCIA

Ramiro A. Calle, pionero de la enseñanza del yoga en España, es autor del libro titulado justamente *El arte de la paciencia*. Según este autor:

El estado de la mente ordinaria engendra sufrimiento. La mente es conflictiva, voraz, insatisfecha. Su signo es el de la confusión. Es inestable, confusa. A menudo es víctima de sus propias contradicciones, su ofuscación, su avidez y su aversión. Está empeñada por la ignorancia, la división. Ha recreado durante años una enrarecida atmósfera de miedo, paranoia, hostilidad y egocentrismo. En ella arraigan venenos como el odio, los celos, la envidia y tantos otros. No es una mente bella. A veces hemos hecho de nuestra mente un verdadero estercolero. Limpiamos minuciosamente el cuerpo, pero tenemos la mente en el abandono. Una mente confusa

SEMILLAS DE SABIDURÍA PARA CULTIVAR LA PACIENCIA

La paciencia es un árbol de raíz amarga pero de frutos muy dulces.

Proverbio persa

El mejor fuego no es el que se enciende rápidamente.

GEORGE ELIOT

La paciencia es la fortaleza del débil y la impaciencia, la debilidad del fuerte.

IMMANUEL KANT

El hombre vulgar, cuando emprende una cosa,
la echa a perder por tener prisa en terminarla.

LAO TSE

La paciencia en un momento de enojo evitará cien días de dolor.

Proverbio tibetano

Adopte el ritmo de la naturaleza; su secreto es la paciencia.

RALPH WALDO EMERSON

genera confusión; una mente agresiva produce agresividad. Si la mente es el fundamento de todo, como acertadamente declaraba Buda, según sea la calidad de la mente así será lo que resulte de ella. En una mente competitiva, ofuscada, condicionada por la insatisfactoriedad, no puede haber compasión. Una mente así ni siquiera puede cooperar provechosamente. Es una mente que se debate en su propia zozobra. Tal es la mente propia de la mayoría de los seres humanos. Una mente en desorden, sin frescura, sin inocencia, sin vitalidad. Una mente así crea desamor, hostilidad, confusión sobre la confusión y ansiedad sobre la ansiedad. Asentada sobre sus condicionamientos limitadores, salpicada de contaminaciones, estrechada por hábitos coagulados, llena de obstrucciones, etc., una mente tal carece de claridad, de apertura, de provechosa creatividad. Los enfoques que se derivan de una mente en tales condiciones tienen que ser forzosamente erróneos y perjudiciales. Este tipo de mente es nocivo para uno mismo y para los demás, genera violencia sin límite y, desde luego, es inservible para la real búsqueda interior y la evolución consciente.

Por eso es importante meditar, trabajar la atención y la paciencia.

En su libro, Ramiro Calle define la paciencia de la siguiente manera: «La paciencia no es sólo esperar, que lo es. También es saber esperar con ánimo sereno y mente imperturbada. Se requiere mucho autodominio, madurez emocional y entendimiento claro». También la define como «una fuerza equilibrante y reguladora que permite afrontar los acontecimientos más sosegadamente, con constancia y sin desesperación, y mantener, a pesar incluso de las adversidades, un ánimo más estable e imperturbable. [...] La paciencia es un antídoto poderosísimo contra la frustración, la ira, la cólera y los estados de aversión e irritabilidad en general».

De esta obra se pueden extraer algunas **recomendaciones para el desarrollo de la paciencia**:

1. Practica ejercicios de meditación, que permitan calmar tu mente del torbellino de pensamientos disonantes y contradictorios.

2. Las artes marciales como el Tai-Chi o el Aikido son excelentes recursos para el desarrollo del autocontrol, la respiración y la armonía Mente-Cuerpo.

3. Evita decidir bajo presión, ni externa ni mucho menos interna; en calma se pueden obtener mejores opciones.

4. Desarrolla un enfoque más consciente del vivir el ahora, la impaciencia es un juego del «Yo» con los deseos del futuro.

5. Arma rompecabezas, juega al sudoku o comienza una colección de objetos pocos comunes.

6. Existen una cantidad grande de audios que te ayudan a tener una relajación guiada; esto es un recurso fabuloso cuando la impaciencia nos agobia y no nos deja dormir.

7. Pregúntate ante una situación donde la impaciencia te desgasta: ¿Qué cosa productiva podría hacer ahora que me permitiera desconectarme de esta sensación de impaciencia?

MENÚ PARA LA IMPACIENCIA
OBJETIVO DE LA SEMANA

1. A no ser que dispongas de un jardín para cuidar, elige una actividad que necesite de varios días para ser completada: pintar un cuadro, escribir un cuento largo o un episodio de tu vida, incluso las tareas de bricolaje suponen una inyección de paciencia.

2. Combate la impaciencia encargando en una librería de tu barrio un libro que te interese y que no esté en la tienda.

3. Dedica al menos una mañana de esta semana a comprar sin prisas alimentos frescos en el mercado.

19

Perfeccionismo

Ainoa es una universitaria tan perfeccionista que pone de los nervios a todo el mundo. Cuando hay que realizar un trabajo de grupo nadie quiere hacerlo con ella porque pierde muchísimo tiempo en preliminares de poca importancia: hace mil pruebas con el tipo y el tamaño de letra antes de redactar, se carga de bibliografía que luego no tiene tiempo de leer, comprueba que cada cita y cada referencia sea correcta, e incluso acude constantemente al original de los libros que consulta por si hay errores en la traducción.

Al final siempre sucede lo mismo: tiene que pedir prórrogas para terminar sus trabajos, lo cual la llena de ansiedad porque odia no cumplir con los plazos.

Su novio le acaba de regalar un libro sobre el Wabi-sabi.

WABI-SABI: EL ARTE DE LA IMPERFECCIÓN

En su libro *Wabi-sabi*, el divulgador Gottfried Kerstin define este singular concepto japonés de la belleza, basado en el lema: «Nada es perfecto, nada es permanente y nada está completo».

Cuando los términos *wabi* y *sabi* se unen, lo hacen para describir una elegancia humilde, para dar nombre a cierto tipo de simplicidad muy especial.

El arte Wabi-sabi, como portavoz artístico del movimiento zen, se funda en las ideas de simplicidad, humildad y moderación y nos enseña a descubrir la belleza sencilla de las cosas, con toda su imperfección y fugacidad. Nada en la naturaleza tiene un carácter permanente, de ahí viene ese halo de melancolía que envuelve la belleza. Pero se trata de una melancolía que eleva el estado mental de aquel que la contempla, pues provoca un anhelo espiritual que nos hace crecer.

Todo cuanto existe en el universo está en constante movimiento y cambio. Nada es eterno, nada existe desde siempre ni para siempre, todo tiene un comienzo y un fin. El arte Wabi-sabi es capaz de encarnar o sugerir el esencial y evidente hecho de la impermanencia y por eso desencadena en el espectador una contemplación serena que va unida a la comprensión de la fugacidad de todo cuanto existe. Al ser conscientes de esta fugacidad contemplamos la vida desde otra perspectiva.

Alguien puede llegar a conmoverse al contemplar una sencilla flor colocada en un viejo florero de bambú, pues puede llegar a presentir en ella un reflejo de la existencia y de nuestro destino como seres humanos.

ARTES WABI-SABI PARA EL TIEMPO LIBRE

Estas propuestas —básicamente de tradiciones orientales— están encaminadas a despertar lo más espontáneo, fresco y original que anida en cada persona:

- Dibuja con el pie: Una manera de romper con la rigidez es cambiar la técnica con la que habitualmente hacemos algo. En lugar de utilizar la mano derecha, podemos recurrir a la izquierda o bien utilizar el pie para plasmar sobre una gran cartulina una composición Wabi-sabi.
- Aprende caligrafía japonesa: Existen cursos de uno o dos días en los que un maestro enseña a los alumnos los trazos bellamente inacabados de los *kanjis* —ideogramas— japoneses.
- Escribe haikus: Estos poemas japoneses están formados por pinceladas que describen la belleza efímera de una escena. Basta con que expreses en tres líneas breves no rimadas un momento o lugar que te han causado una especial emoción.
- Iníciate en el ikebana: Una de las artes que mejor recogen la esencia del Wabi-sabi. Al aprender el arreglo floral japonés incorporamos a nuestra existencia los fundamentos de la simplicidad radiante que surge del misterio de lo natural.
- Incorpora la ceremonia de té: El ritual diario de elaborar el té a partir de hojas sueltas y disfrutar de su aroma fragante antes de saborearlo nos conecta con la calma que atesoramos en nuestro interior.
- Moldea tu propia taza: Si tienes acceso a un taller de cerámica, puede ser una experiencia singular elaborar con tus manos un bol o taza que luego vayas a usar personalmente.
- Practica la meditación: Al sentarnos a contemplar en silencio lo que sucede a nuestro alrededor estamos empleando un lenguaje que es más antiguo que las palabras.

Libros y opiniones sobre el Wabi-sabi

Según Leonard Koren, autor del libro *Wabi-Sabi: for Artists, Designers, Poets and Philosophers*, el Wabi-sabi se refiere a aquella belleza «imperfecta, impermanente e incompleta».

Andrew Juniper, autor del libro *Wabi Sabi: The Japanese Art of Impermanence* afirma que «si un objeto o expresión puede provocar en nosotros una sensación de serena melancolía y anhelo espiritual, entonces dicho objeto puede considerarse Wabi-sabi».

Richard R. Powell es el autor de un tercer libro sobre el tema, *Wabi-sabi for writers*. Según sus propias palabras, el Wabi-sabi es «una serie equilibrada de principios que ayudan a las personas a afrontar los vientos del cambio, observar el mundo desde la aceptación y encontrar, mezclado entre los oscuros elementos de la existencia, la hebra brillante de la alegría». Powell dice que el Wabi-sabi «cultiva todo lo que es auténtico reconociendo tres sencillas realidades: **nada dura, nada está completado y nada es perfecto**».

Elogio de la imperfección

Rita Levi Montalcini, neurobióloga italiana y premio Nobel, publicó su *Elogio de la imperfección*. En este libro explica con claridad **las ventajas de una imperfección** que, según ella, supone asimismo una ventaja desde el punto de vista de la evolución y la supervivencia:

El progresivo aumento del cerebro y el espectacular desarrollo de las capacidades intelectuales de nuestra especie son producto de una evolución inarmónica que ha originado infinidad de complejos psíquicos y de comportamientos aberrantes. No es el caso de compañeros de viaje nuestros como los primates antropomorfos o los insectos, infinitamente más numerosos, que nos precedieron cientos de millones de años y probablemente nos sobrevivirán: los que hoy pueblan la superficie del planeta no son sustancialmente distintos de sus antepasados de hace seiscientos millones de años. Desde la aparición del primer ejemplar, su minúsculo cerebro se reveló tan apto para adaptarse al ambiente y enfrentarse a los predadores, que pudo quedar fuera del juego caprichoso de las mutaciones: su fijeza evolutiva se debe a la perfección del modelo primordial.

Según Montalcini, «es la imperfección y no la perfección la que se encuentra en la base de la actuación humana».

MENÚ PARA LA PERFECCIÓN
OBJETIVO DE LA SEMANA

1. Realiza una radiografía por escrito de aquellos aspectos imperfectos o irregulares que te hacen único como persona. Analiza cuáles de ellos son claramente perjudiciales y cuáles te aportan carácter o singularidad.
2. Dedica un par de horas de esta semana a estudiar la historia de grandes personajes, como Edison, que gracias al fracaso continuado acabaron triunfando.
3. Decide en qué puedes fracasar repetidamente para hacerte experto en algo que te sirva.

20

Dudas

Jaime está hecho un mar de dudas. Desde que se ha jubilado, su decisión de instalarse en el pueblo de sus sueños choca con una dificultad que hace reír a sus amigos. Hay tanta oferta de apartamentos, que no sabe cuál elegir. Después de toda una vida ahorrando para cumplir su deseo, visita una propiedad tras otra pero no acaba de decidirse. Lleva un año mirando y los comerciales empiezan a estar hartos de él, hasta el punto de que cuando aparecen nuevos pisos llaman a otros potenciales clientes antes que a él.

Hay muchos apartamentos que le han convencido, por precio y características, pero el miedo a equivocarse, a pasar por alto uno que podría ser mejor, lo tiene paralizado.

Mientras tanto, Jaime sigue hacinado en la ciudad que siempre ha deseado abandonar.

CONTRA LAS DUDAS, PROACTIVIDAD

La proactividad implica abandonar toda actitud pasiva para tomar las riendas de la propia vida. Dejar la excusa de las esperas y de la ayuda de terceros. Decidir y actuar.

PASIVO *VERSUS* PROACTIVO

Antonio Ares Parra, en su artículo «La conducta proactiva como conducta estratégica opuesta a la conducta pasiva», distingue la conducta proactiva de la reactiva y de la pasiva:

> La conducta pasiva es opuesta a la conducta proactiva. Es una conducta inadecuada e insana. Es la conducta del guión de vida. La conducta reactiva es también inadecuada pero no es una conducta dañina o insana sino tan sólo es insuficiente o inadecuada por su falta de adaptación al entorno actual y a su proyección hacia el futuro.
>
> La conducta patológica es la conducta pasiva; en cambio, la conducta reactiva es una respuesta inadecuada porque no tiene en cuenta el contexto y las consecuencias de la actuación.
>
> En entornos dinámicos y cambiantes no podemos conformarnos con reaccionar teniendo en cuenta lo que servía en el pasado; **debemos actuar previendo el futuro, vislumbrando lo que creemos que sucederá, previendo riesgos y oportunidades. Ahí aparece la conducta orientada al futuro. A esta conducta la llamamos proactiva**.

Después de realizar estas aclaraciones, se adentra en la clase de lenguaje. Según Antonio Ares Parra, captamos el pensamiento descalificador a través del lenguaje reactivo. El lenguaje reactivo es un lenguaje frenador («es imposible», «no me van a dejar», «yo soy así»). Según este autor, «esos lenguajes determinan y condicionan las actuaciones y dificultan el funcionamiento y el bienestar». En cambio, el lenguaje proactivo «busca posibilidades, procura reenfoques, explora alternativas, asume las propias preferencias, limitaciones y puntos de vista y compromete en la construcción de la realidad. El lenguaje proactivo es un lenguaje facilitador de las actuaciones y responsabilidades y compromisos personales. Se orienta a modificar, en parte, una realidad que posibilite el futuro deseado. Es un lenguaje más de "para qué" que de "por qué"; se orienta más al futuro que al pasado. Es un lenguaje de compromiso personal».

EL PENSAMIENTO INTEGRADOR

Roger Martin, profesor de management estratégico de la Rotman School, propone que, ante un problema o disyuntiva estratégica, lo mejor es **integrar, no dividir o elegir**. Tras haber estudiado durante quince años las trayectorias de líderes empresariales que han tenido la habilidad de alcanzar el éxito, llegó a la conclusión de que uno de los rasgos en común de aquellos líderes era su predisposición y su capacidad para **unir dos ideas diametralmente opuestas** en sus cabezas y después, sin temer a ninguna de ellas o decidirse por una de las dos, producir una síntesis superior a ambas ideas irreconciliables.

A esta capacidad la ha llamado **pensamiento integrador**.

Martin compara esta capacidad con la que demostró el ser humano cuando adquirió el manejo de las manos gracias al «pulgar oponible», es decir, la oposición entre el pulgar y el resto de los dedos. Según Martin, el ser humano ha nacido con la mente oponible y debemos aprender a utilizarla.

Para ilustrar cómo puede funcionar el pensamiento integrador, Martin expone un ejemplo: Procter & Gamble, una de las mayores multinacionales del mundo en la actualidad, se estancó en el año 2000 y siete de sus marcas más exitosas empezaron a perder cuota de mercado a marchas forzadas. Además, y pese a que estaba invirtiendo sin parar en investigación y desarrollo, no sacaba productos novedosos al mercado.

La dicotomía estaba servida. Los costes de la compañía estaban por las nubes y, por otro lado, tenía que bajar precios, por lo que tendría que reducir costes. ¿Qué hacer?

Parecía que aquella problemática tuviera sólo dos opciones:

- Bajar los costes y apostar por una salvaje guerra de precios.
- Invertir e innovar para aportar más valor a su marca.

Pero la empresa no se decidió por una u otra opción, sino más bien por ambas y ninguna al mismo tiempo. Se admitió que P&G necesitaba bajar costes para poder medirse con la competencia, pero al mismo tiempo reconocieron que era necesario innovar aún más para que sus marcas fueran líderes.

A partir de aquí, la organización empezó a eliminar «capas» de directivos que suponían un sobrecoste para la empresa, dio la alternativa a ejecutivos más jóvenes y se centró en fabricar más y mejores productos para generar «cash» optimizando los costes.

Los resultados fueron muy positivos y P&G logró remontar el vuelo.

La creatividad en la toma de decisiones

César Medina Salgado, profesor e investigador de la Universidad Autónoma de Madrid, ha publicado un estudio precisamente sobre la relación entre la creatividad y la toma de decisiones.

«¿Qué es la creatividad?», se pregunta Medina Salgado. Para responder dicha pregunta, acude a la opinión de Margaret Boden, profesora de ciencia cognitiva en Sussex, quien afirma que los enfoques sobre la creatividad se pueden encuadrar en dos tipos: inspiracional y romántico. El enfoque inspiracional ve a la creatividad como algo esencialmente misterioso, incluso sobrehumano o divino. Desde la óptica de la autora, si la creatividad se explicara a través de este enfoque, toda aproximación científica carecería de sentido. El enfoque romántico, por su parte, es menos extremo en su apreciación de la creatividad al afirmar que por lo menos es un fenómeno excepcional. Se dice que los artistas creativos (y los científicos) son personas dotadas con un talento específico que los otros no poseen: perspicacia e intuición.

Tras estudiar las diferentes acepciones de la creatividad y estudiar cómo el cerebro puede generar ideas creativas, Medina Salgado se plantea estudiar cómo la creatividad se puede aplicar a la empresa y a la toma de decisiones («la gerencia creativa», que dice él), y para ello, estudia algunas de las teorías sobre el pensamiento creativo. Entre ellas se encuentra la teoría de Edward de Bono, gurú del **pensamiento lateral**.

Según Bono, «el pensamiento lateral se define como la solución de problemas mediante métodos heterodoxos e ilógicos. Y su propósito es la generación de ideas nuevas y el abandono de las ideas viejas. Para el pensamiento lateral, la creatividad será uno de los elementos fundamentales, que lleva implícito el rompimiento de los patrones establecidos, y el pensar y observar los problemas de manera distinta».

Como conclusión, Medina Salgado afirma que «el proceso creativo es un paso previo en la solución de problemas dentro de las organizaciones. Es un proceso de maduración de ideas que posteriormente se resolverán posiblemente bajo dos vías, una creativa y una racionalizadora. Las alternativas de solución dependerán de la naturaleza del problema al que se enfrente el decisor y su afinidad al riesgo».

MENÚ PARA LAS DUDAS
OBJETIVO DE LA SEMANA

1. Analiza qué aspectos de tu vida están paralizados, o no funcionan como deberían, debido a las dudas o a una desatención por tu parte.
2. Cada día de esta semana tomarás una decisión importante sin miedo a equivocarte. Si anotas los resultados en un documento, descubrirás que los aciertos siempre superan a los errores.

21

Decir sí (cuando queremos decir no)

Carina siempre ha necesitado sentirse aceptada por todo el mundo, especialmente por sus amigas. Eso la ha llevado a decir siempre sí a todo, incluso a cosas que le desagradan profundamente. Por no llevar la contraria, las acompaña a ver películas románticas, un género que detesta. También sale con ellas de vacaciones a pueblos de playa infestados de turistas, cuando a Carina lo que le gusta es el silencio de la montaña.

Hasta ahora ha sobrellevado estas situaciones con mucha paciencia y buena disposición. Sin embargo, desde que tiene novio la situación se ha complicado, ya que él tiene unos gustos y preferencias muy diferentes a los de sus amigas, y a menudo los planes de uno y las otras entran en conflicto.

Carina no sabe cómo contentar a todos.

La pregunta es: ¿y ella, qué quiere hacer?

LA LLAVE DE LA ASERTIVIDAD

En la obra de Walter Riso *Cuestión de dignidad*, encontramos una pequeña explicación sobre el mecanismo que lleva a muchas personas a no decir lo que piensan, a acatar lo que otros dicen sin tenerse en cuenta a sí mismos:

> Cuando los seres humanos se relacionan entre sí, se encuentran con un gran número de situaciones de exigencia social. Estas demandas pueden provenir de un amigo, un familiar, un superior o un desconocido, y adoptar la forma de ruego, mandato o favor. Aunque la respuesta natural a este tipo de requerimientos debería estar guiada por lo que uno considera más adecuado, en muchas ocasiones las personas suelen estar tan «presionadas» o «influenciadas» por los demás que terminan actuando en contra de sus propios principios, creencias o conveniencias.
>
> Nadie nace predeterminado a ser sumiso, esto se aprende de forma paulatina, «sin darse cuenta». No es una cuestión biológica ni hereditaria, es un comportamiento aprendido y, por lo tanto, modificable. Hemos descubierto que si decidimos aceptar la manipulación de los demás no seremos recriminados e incluso podríamos ser reforzados por tal sumisión, y que por el contrario, si decidimos defender nuestros derechos legítimos, la situación producirá altos niveles de ansiedad, desaprobación o culpa.
>
> Así, poco a poco, muchas personas van desarrollando un repertorio aparentemente adaptativo, pero en realidad se van convirtiendo en «marionetas humanas» que pierden uno de los valores más importantes del ser: la dignidad.
>
> [...] Una persona es asertiva cuando es capaz de ejercer y/o defender sus derechos personales, como, por ejemplo, decir «no», expresar desacuerdos, dar una opinión contraria y/o expresar sentimientos negativos sin dejarse manipular, como hace el sumiso, y sin manipular ni violar los derechos de los demás, como hace el agresivo.

Entre el extremo nocivo de los que piensan que el fin justifica los medios y la queja plañidera de los que son incapaces de manifestar sus sentimientos y pensamientos, está la opción de la asertividad: una forma de moderación enfática, similar al camino del medio que promulgaron Buda y Aristóteles, en el que se integra constructivamente la tenacidad de quienes pretenden alcanzar sus metas con la disposición a respetar y autorrespetarse.

Sin embargo, Walter Riso hace una advertencia: «Muchas de las personas que intentan pasar de la sumisión a la asertividad se pasan de revoluciones y caen en la agresividad. No obstante, el mecanismo pendular sumisión/agresión va acomodándose hasta encontrar un equilibrio funcional y saludable. Mientras ello ocurre, hay que estar atento».

Continúa diciendo Riso que el primer paso para poder esperar respeto por parte de los otros es respetarse a uno mismo y reconocer aquello que nos hace valiosos, es decir:

Debo quererme y sentirme digno de amor. Precisamente, la dignidad personal es el reconocimiento de que somos merecedores de lo mejor. Así como nos sentimos amados e importantes cuando alguien nos defiende y nos cuida, de igual manera la autoestima sube como espuma cuando nos resistimos a ser sacrificados, utilizados o explotados.

Si acepto pasivamente la injusticia o la ofensa, estoy admitiendo en los hechos que merezco ser tratado indebidamente. Ésa es la razón por la cual los que tienen pocas habilidades sociales y carecen de asertividad sufren de depresión. Un paciente que sufría de ansiedad social y depresiones frecuentes llegó a una conclusión interesante, un *insigth* revelador, que no había procesado antes de manera categórica: «¡Si no me quiero yo, quién me va a querer!».

LAS CUATRO CLAVES DE LAS PERSONAS ASERTIVAS

En su libro *No diga sí cuando quiera decir no*, Herbert Fensterheim y Jean Baer señalan las cuatro características que poseen las personas asertivas:

- Se siente libre para manifestarse. Mediante palabras y actos está declarando: «Éste soy yo. Esto es lo que yo siento, pienso y quiero».
- Puede comunicarse con personas de todos los niveles y esta comunicación es siempre abierta, directa y sincera.
- Tiene una orientación activa en la vida.
- Actúa de acuerdo con lo que considera justo.

Según estos autores, la asertividad se ha convertido en un problema a causa de algunos factores del entorno que confunden y que no permiten comprender que decir lo que uno piensa puede ser positivo: «Debido a una serie de factores ambientales y condicionales confusos, la aserción se ha convertido en un problema nacional. Durante la infancia, muchos padres censuran al niño que osa defender sus derechos, y así truncan de raíz la seguridad del niño en sí mismo. Los maestros premian al estudiante que no discute el sistema educativo, y tratan con dureza a los que se resisten a él».

Nos alertan así de las consecuencias que conlleva no saber decir no cuando hay que decirlo:

- Nos obliga a realizar actividades que nos hacen perder el respeto por nosotros mismos.
- Nos distrae de lo que realmente deseamos conseguir.

- Como permitimos que los demás nos exploten continuamente, el resentimiento crece y, en ocasiones, después de muchos años de decir sí por rutina, acabamos perdiendo el control de un modo totalmente inadecuado.
- Contribuye a la falta de comunicación entre uno y los demás. Decir sí cuando se quiere decir no, no es una cualidad propia de un carácter dulce; es deshonestidad.

¿POR QUÉ NOS CUESTA TANTO DECIR NO?

La psicóloga Begoña Odriozola comenta que «decir siempre sí a lo que quieren los demás nos libra de decidir, nos vuelve acreedores en vez de deudores y brinda cierta aprobación ajena. Pero eligiendo ese camino renunciamos a muchas cosas».

Bajo la incapacidad para decir no se oculta la propia inseguridad, una necesidad por la aprobación social y el miedo al rechazo. De aquí surge el miedo a defraudar a los demás, pensando que sólo si nos sacrificamos lograremos que los demás nos valoren. Por lo tanto, el primer paso para tener asertividad es empezar a valorarse a uno mismo.

Begoña Odriozola propone las siguientes **estrategias para aprender a decir no**:

- Indagar en uno mismo: Es importante plantearse una serie de cuestiones para comprender por qué nos cuesta tanto decir «no». ¿Qué es lo que más temo al dar una negativa? ¿A qué personas o situaciones me resulta más difícil negarme?

- Ganar tiempo: Es útil ganar tiempo antes de contestar, a fin de aclararse y tomar fuerzas para exponer el propio parecer.
- Descubrir nuestros deseos: Conviene preguntarse por lo que uno realmente desea, más allá de lo que quieran los demás. En algunos casos ambos deseos serán parejos, en ocasiones la persona puede decidir adaptarse, pero en otras la mejor decisión puede consistir en negarse.
- Expresarse con claridad: Como una negativa puede ser desagradable, es importante cuidar la forma en que se expresa:
  - Reconocer las necesidades y los sentimientos de la otra persona.
  - Explicar la razón por la que se rechaza la proposición, apelando a las propias necesidades y sentimientos.
  - No culpar ni manipular (para lograr la colaboración de los demás no suele ser una buena medida hacerles responsables de sus propios males).
  - Asegurarse de que la otra persona ha entendido la decisión.
  - Ofrecer alternativas teniendo en cuenta las necesidades mutuas.
- Mantenerse firme: Una vez que se ha expresado una decisión es importante mantenerla, o llegar a una renegociación.

Aprender a decir no

Además de diferenciar entre personas asertivas, agresivas o pasivas, también se puede hablar de personas negafóbicas: aquellas que tienen miedo a decir que no.

En su libro *El arte de decir no*, Hedwig Kellner habla de estas personas y apunta algunas de las características que las definen:

- Tienen un inmenso deseo de sentirse amadas
- Son adictas al agradecimiento
- Les da miedo perder la simpatía de los demás
- Les angustian los conflictos
- No son capaces de afrontar las presiones de los demás
- Son inseguras

Según Anna Forés, profesora de la Universidad de Barcelona y coautora, junto a Eva Bach, del libro *La asertividad*, «las personas no se atreven a decir no y anteponen las necesidades de los demás a las propias por miedo a ser rechazados». Socialmente, existe una tendencia a considerar mucho más prestigioso decir «sí» que decir «no».

La catedrática en psicología María José Díaz-Aguado señala que una de las razones por la que tendemos a decir que sí es que «los humanos tenemos tendencia a la empatía, a sentir lo que sienten los demás, y la activación empática nos lleva a decir que sí, a no contrariar; y esa empatía es beneficiosa si enseñamos también dónde están sus límites, dónde comienza el abuso, dónde acaba la broma y empieza la burla, dónde está el límite del trabajo, dónde el de la comida, dónde acaba el amor y empieza el maltrato».

Juan Antonio Moriano, profesor de psicología de la Universidad Nacional de Educación a Distancia, considera que «con frecuencia es más fácil decir que sí porque un no implicaría entrar en conflicto con otra persona y, como son peticiones pequeñas, creemos que no vale la pena». Sin embargo, se debe tener en cuenta que la percepción que se tiene de las respuestas positivas o negativas a una petición pueden cambiar dependiendo de las diferencias culturales. Moriano apunta que «hay culturas muy colectivistas, donde la persona está al servicio del grupo, como la árabe o la japonesa, y otras más individualistas donde la persona tiene más fuerza y está menos condicionada por las relaciones familiares».

Pasividad, agresividad o asertividad

Los psicólogos contraponen las personas asertivas a las agresivas (las que van exigiendo que les digan que sí) y a las pasivas (siempre anteponen los deseos de los otros). Juan Antonio Moriano lo explica con el siguiente ejemplo: «Imagina que entras en un bar y pides una Fanta de naranja pero el camarero te la trae de limón; si eres una persona pasiva te la tomarás sin decir nada; si eres agresiva, le dirás: "Eres un inútil, mira lo que me has traído"; y si eres asertivo, le comentarás que ha habido un error, sin discutir si tuyo o suyo, y le preguntarás si por favor te puede cambiar el refresco; es decir, defenderás tus derechos sin agredir al otro».

La psicóloga Olga Castanyer, autora de *La asertividad. Expresión de una sana autoestima*, define a las personas no-asertivas como aquellas que «no defienden los derechos e intereses personales. Respeta a los demás pero no a sí misma». La persona agresiva es aquella que «defiende en exceso los derechos e intereses personales, sin tener en cuenta los de los demás: a veces, no los tiene realmente en cuenta, otras, carece de habilidades para afrontar ciertas situaciones». Y para resumir cómo sería la reacción de la persona asertiva ante los demás, Olga Castanyer dice que las personas asertivas son aquellas que «conocen sus propios derechos y los defienden, respetando a los demás, es decir, no van a "ganar", sino a "llegar a un acuerdo"».

¿Y cómo aprendemos a ser asertivos?

La psicóloga Anna Forés dice que lo primero que hay que tener claro es que «tienes ese derecho a decir no, a expresar tus pensamientos; eso significa tener una buena autoestima y consideración hacia ti mismo». A menudo tememos que, si damos voz a nuestras necesidades, opiniones y deseos, seremos calificados de egoístas. Pero, como comenta Anna Forés, «tampoco tenemos que ser asertivos al 100 % y decir siempre lo que nos molesta; hay que valorar las circunstancias y tomar conciencia de las consecuencias de nuestras acciones; no es lo mismo decir que no a la pareja o a los hijos que en el trabajo; ni pedir a alguien que no fume si ambos estáis de paso en un comercio que si vais a compartir horas de viaje».

EL NO POSITIVO

William Ury, cofundador del Programa de Negociación de Harvard, habló en una entrevista con la experta en asertividad Karen Christensen sobre el poder del «no positivo»:

> Vivimos en una era en la que nuestra «carpeta de asuntos pendientes» está siempre llena. Nunca antes habíamos tenido tantas opciones y tanta información que tratar. Como re-

sultado de ello, la habilidad de permanecer concentrado en lo que es verdaderamente importante —nuestras prioridades personales y organizativas— y decir sí a éstas depende de nuestra habilidad de decir no a muchas otras cosas que son menos importantes. La habilidad de concentrarse en prioridades y establecer límites es quizá el desafío más importante al que nos enfrentamos hoy día, tanto para los directivos como para los individuos.

Según Ury, decir no, para muchos es muy difícil y, como consecuencia, se cae en una triple trampa:

En primer lugar, nos «acomodamos»: decimos sí incluso cuando queremos (o necesitamos) decir no. En segundo lugar, si estamos cansados y estresados, puede que cambiemos a la otra cara de la moneda: atacar. Cuando esto ocurre, decimos no de forma agresiva, de una manera que puede dañar relaciones importantes. En tercer lugar, a veces caemos en la evitación: no decimos sí o no; por el contrario, simplemente esperamos que el problema desaparezca, cosa que, por supuesto, no hace. La salida de esta trampa es el «no positivo». Pero ¿qué es un «no positivo»?

Es algo así como el pensamiento integrador —intentar tener modelos opuestos en la cabeza y lograr una resolución positiva—. Un «no positivo» es de hecho un no que parte de un sí: empieza con un sí para ti mismo, para tus valores y prioridades, para lo que es verdaderamente importante, y después avanza hacia un no natural, tranquilo y respetuoso. Como resultado, en lugar de acabar en un no, de hecho, acaba en un sí, que es una propuesta positiva que puede llevar a un acuerdo que funcione para ambas partes —o, por lo menos, a una relación más positiva—. Un «no positivo» es un concepto y una habilidad que yo creo que se necesitan intensamente. Como he indicado, realmente es un «sí/no/sí»: combina los méritos del no —su claridad y poder— con una atención a los elementos positivos del sí.

Para Ury, el enfoque del «no positivo» se puede aplicar tanto en la vida laboral como en la personal. Ante la pregunta de si eso incluye también la relación entre padres e hijos, Ury comenta que «obviamente, los padres necesitan aprender cómo establecer límites con sus hijos, particularmente en estos tiempos, y es posible hacerlo de una manera positiva. Como ya he mencionado, la característica clave de un "no positivo" es el respeto: va de respetarse a uno mismo estableciendo límites que protejan las cosas que uno valora y, al mismo tiempo, se presenta de forma respetuosa hacia la otra parte y sus preocupaciones. Con niños, el elemento de respeto es muy importante, particularmente cuando se trata con adolescentes».

En un extenso artículo escrito por el propio William Ury, éste profundiza sobre el concepto del «no positivo». Merece la pena prestar atención a todo su planteamiento:

> Hace veintisiete años, con Roger Fisher escribimos un libro titulado *Getting to Yes*, centrado en cómo llegar a un acuerdo que beneficie a las partes involucradas en una negociación. Creo que llegó a ser un best seller internacional porque le recuerda a la gente los principios del sentido común, que seguramente conocen pero a menudo olvidan aplicar.
>
> Sin embargo, con el transcurso de los años me di cuenta de que «llegar al sí» no sólo es la mitad de la ecuación, sino además la mitad más sencilla. Tal como dijera uno de mis

clientes, presidente de su compañía: «Mi gente sabe cómo llegar al sí; ése no es el problema. Lo que les resulta difícil es decir no». O, como señalara el ex primer ministro británico Tony Blair: «El arte del liderazgo no es decir sí, sino decir no».

Una conversación con el conocido inversor Warren Buffet fortaleció en mí la importancia del no. «No entiendo todo esto del sí —me dijo—. En mi rubro de negocios, la palabra más importante es no. Estoy todo el día mirando las propuestas de inversión, y digo no, no, no, no, hasta que encuentro exactamente lo que estoy buscando. Y entonces digo sí. Todo lo que tuve que hacer fue decir sí unas pocas veces en mi vida, y con eso hice una fortuna.» El no es la clave para definir su enfoque estratégico y, por consiguiente, todo sí importante puede requerir miles de no.

Con el tiempo entendí que el principal obstáculo para llegar al sí es aprender a decir no de la manera adecuada. A menudo nos resulta difícil decir no cuando queremos hacerlo, y sabemos que deberíamos. O lo decimos, pero de una manera que frena el acuerdo y destruye las relaciones. Cedemos a las exigencias inapropiadas, a la injusticia y hasta al abuso, o nos embarcamos en una lucha destructiva en la que todos perdemos.

Para salir de esta trampa, debemos adoptar lo que llamo un «no positivo». A diferencia del no tradicional, que empieza con no y termina con no, el «no positivo» empieza con sí y termina con sí.

Decir no de manera positiva significa, primero, decirnos sí a nosotros mismos y a nuestros valores más profundos.

MENÚ PARA EL SÍ (cuando queremos decir no)
OBJETIVO DE LA SEMANA

1. Visiona la película *El apartamento*, en la que el personaje interpretado por Jack Lemon acaba durmiendo en la calle porque se siente obligado a prestar su vivienda a sus jefes.
2. Analiza en qué situaciones dices sí, cuando desearías decir no.
3. Prepara tu argumentación del «no positivo» para la próxima vez que tengas que responder a una demanda de este tipo.

22

Deseo

Norberto tiene problemas para mantener su economía a flote debido a su impulsividad. Cuando desea adquirir cualquier cosa —un traje, un smartphone, incluso un coche nuevo— es incapaz de esperar y va inmediatamente tras aquello que anhela. Poco después, a menudo le asalta un sentimiento de culpa, ya que acaba comprando cosas que muchas veces no necesita pero que le supondrá un largo y costoso esfuerzo en sus cuotas de crédito.

Está intentando controlar esa inercia, pero hasta ahora el deseo le ha ganado siempre la batalla.

Su mejor amigo, que lleva años estudiando zen, le dice que con esos impulsos intenta sofocar alguna insatisfacción a la que debería prestar atención.

LOS DESEOS Y LOS IMPULSOS EN EL CEREBRO

El cerebro está dividido en el cerebro más primitivo, o reptiliano, el emocional o límbico y el neocórtex o cerebro racional. El neurocientífico Joseph E. LeDoux demostró mediante sus investigaciones que, en determinadas situaciones, el cerebro emocional puede ejercer un dominio sobre el racional.

Generalmente, se considera que el control de las emociones está en el sistema límbico, es decir, la parte «emocional» del cerebro. Este **sistema límbico** está constituido por tres elementos fundamentales con sus funciones designadas:

- El tálamo, que es quien envía el mensaje sensorial al neocórtex cerebral.
- El hipocampo, al que se supone importante en la memoria y en la interpretación de aquello que percibimos.
- La amígdala, que es el centro de control emocional.

Antonio Damasio, profesor de neurología y psicología en la Universidad de Southern California, es un pionero en el estudio de las emociones desde el punto de vista de la neurociencia. En una entrevista realizada por el divulgador científico Eduard Punset, Antonio Damasio habló de la fisiología neuronal de las emociones:

> Es muy importante **distinguir entre la fase de la emoción y la fase del sentimiento**. Cuando experimentas una emoción, por ejemplo, la emoción de miedo, hay un estímulo que tiene la capacidad de desencadenar una reacción automática. Y esta reacción, por supuesto, empieza en el cerebro, pero luego pasa a reflejarse en el cuerpo, ya sea en el cuerpo real o en nuestra simulación interna del cuerpo. Y entonces tenemos la posibilidad de proyectar esa reacción concreta con varias ideas que se relacionan con esas reacciones y con el objeto que ha causado la reacción. Cuando percibimos todo eso es cuando tenemos un sentimiento. Así que percibiremos

simultáneamente que alguien ha gritado (y eso nos inquieta), que nuestra frecuencia cardíaca y nuestro cuerpo cambian, y que, cuando oímos el grito, pensamos que hay peligro, que podemos o bien quedarnos quietos y prestar mucha atención, o bien salir corriendo. Y todo este conjunto —el estímulo que lo ha generado, la reacción en el cuerpo y las ideas que acompañan esa reacción— es lo que constituye el sentimiento. Sentir es percibir todo esto, y por eso vuelve a situarse en la fase mental. De modo que empieza en el exterior, nos modifica porque así lo determina el cerebro, altera el organismo y entonces lo percibimos.

CORAZÓN Y CABEZA

Daniel Goleman basa muchas de sus explicaciones sobre el funcionamiento de las emociones en los recientes descubrimientos sobre el papel de la amígdala en los sentimientos impulsivos de las personas:

> Una de las funciones de la amígdala consiste en escudriñar las percepciones en busca de alguna clase de amenaza. De este modo, la amígdala se convierte en un importante vigía de la vida mental, una especie de centinela psicológico que afronta toda situación, toda percepción, considerando una sola cuestión, la más primitiva de todas: «¿Es algo que odio? ¿Que me pueda herir? ¿A lo que temo?». En el caso de que la respuesta a esta pregunta sea afirmativa, la amígdala reaccionará al momento poniendo en funcionamiento todos sus recursos neurales y cablegrafiando un mensaje urgente a todas las regiones del cerebro.

En su clásico *Inteligencia emocional*, Goleman describe de una manera sencilla y comprensible el funcionamiento del cerebro racional y emocional:

> En un sentido muy real, todos nosotros tenemos dos mentes, una mente que piensa y otra mente que siente, y estas dos formas fundamentales de conocimiento interactúan para construir nuestra vida mental. Una de ellas es la mente racional, la modalidad de comprensión de la que solemos ser conscientes, más despierta, más pensativa, más capaz de ponderar y de reflexionar. El otro tipo de conocimiento, más impulsivo y más poderoso —aunque a veces ilógico—, es la mente emocional.
>
> La dicotomía entre lo emocional y lo racional se asemeja a la distinción popular existente entre el «corazón» y la «cabeza». Saber que algo es cierto «en nuestro corazón» pertenece a un orden de convicción distinto —de algún modo, un tipo de certeza más profundo— que pensarlo con la mente racional. Existe una proporcionalidad constante entre el control emocional y el control racional sobre la mente ya que, cuanto más intenso es el sentimiento, más dominante llega a ser la mente emocional, y más ineficaz, en consecuencia, la racional. [...] La mayor parte del tiempo, estas dos mentes —la mente emocional y la mente racional— operan en estrecha colaboración, entrelazando sus distintas formas de conocimiento para guiarnos adecuadamente a través del mundo. Habitualmente existe un equilibrio entre la mente emocional y la mente racional, un equilibrio en el que la emoción alimenta y da forma a las operaciones de la mente racional y la mente racional ajusta y a veces censura las entradas procedentes de las emociones.

El experimento de las golosinas

«Imagine que tiene cuatro años de edad y que alguien le hace la siguiente propuesta: "Ahora debo marcharme y regresaré en unos veinte minutos. Si lo deseas puedes tomar una golosina pero, si esperas a que vuelva, te daré dos"», nos dice Goleman en su libro *Inteligencia emocional*.

Esta cuestión hace referencia a un experimento que realizó Walter Misehel en la década de 1970. El experimento se realizó en el campus de la Universidad de Stanford con hijos de profesores, empleados y licenciados, y tuvo continuidad al terminar los niños la enseñanza secundaria.

Como explica Goleman, se les dio una golosina a cada uno y se les dijo la frase «ahora debo marcharme y regresaré en unos veinte minutos. Si lo deseas puedes tomar una golosina pero, si esperas a que vuelva, te daré dos». Para un niño de cuatro años esto es un reto, una lucha entre, como dice Goleman, el impulso y su represión, entre el deseo y el autocontrol, entre la gratificación y su demora. Algunos niños fueron capaces de esperar para conseguir las dos golosinas de recompensa. Otros, más impulsivos, devoraron la golosina en cuanto el investigador salió por la puerta.

Como Daniel Goleman explica, este experimento prosiguió con ese mismo grupo de niños años después:

> El poder diagnóstico de la forma en que los niños manejaban sus impulsos quedó claro doce o catorce años más tarde, cuando la investigación rastreó lo que había sido de aquellos niños, ahora adolescentes. La diferencia emocional y social existente entre quienes se apresuraron a coger la golosina y

aquellos otros que demoraron la gratificación fue contundente. Los que a los cuatro años de edad habían resistido a la
tentación eran socialmente más competentes, mostraban una
mayor eficacia personal, eran más emprendedores y más capaces de afrontar las frustraciones de la vida. [...] En cambio,
el tercio aproximado de preescolares que cogió la golosina
presentaba una radiografía psicológica más problemática.
Eran adolescentes más temerosos de los contactos sociales,
más testarudos, más indecisos, más perturbados por las frustraciones, más inclinados a considerarse «malos» o poco merecedores, a caer en la regresión o a quedarse paralizados
ante las situaciones tensas, a ser desconfiados, resentidos,
celosos y envidiosos, a reaccionar desproporcionadamente y
a enzarzarse en toda clase de discusiones y peleas. Y al cabo
de todos esos años seguían siendo incapaces de demorar la
gratificación.

A raíz de estos estudios, Goleman expone su hipótesis de
que la impulsividad disminuye la capacidad de aprendizaje y,
para ello, vuelve a hablar del vínculo entre la amígdala y los
lóbulos prefrontales.

En tanto que origen del impulso emocional, la amígdala
también es la fuente de las distracciones, mientras que los
lóbulos prefrontales son la sede de la memoria operativa, es
decir, de la capacidad para prestar atención a lo que ocupa
nuestra mente en un determinado momento. En la medida
en que nos hallemos preocupados por pensamientos movilizados por nuestras emociones, la memoria operativa dispondrá de mucho menos espacio atencional que, en el caso
de los escolares, supondrá prestar menos atención al profesor, el libro, los deberes, etcétera, y, si la situación se prolon

ga a lo largo de los años, esta carencia se revelará en su baja
puntuación en las pruebas de admisión universitarias. Y lo
mismo podríamos decir en el caso del trabajo, donde el coste de la impulsividad y la falta de concentración conllevan
una seria merma en nuestra capacidad de adaptación y
aprendizaje.

Vencer el materialismo: un ejemplo de la Grecia clásica

Diógenes de Sinope es una figura enigmática de la filosofía
clásica del que corren algunas historias que es difícil saber si
son ciertas o meras leyendas. Se dice que vivía en un tonel. Su
padre era banquero y, según Diógenes Laercio, un buen día
decidió consultar al oráculo y recibió como respuesta «inva-
lidar la moneda en curso». Como todas las respuestas del
oráculo, ésta era enigmática y tenía diversas lecturas: falsificar
la moneda, modificar las leyes o transmutar los valores. Dicen
que Diógenes no quiso elegir e hizo las tres cosas. Como resultado, consiguió el destierro. Forzado por estas circunstancias deambuló por Esparta, Corinto y Atenas.

La leyenda cuenta que se deshizo de todo lo que no era
indispensable, incluso abandonó su escudilla cuando vio que
un muchacho bebía agua en el hueco de las manos.

De él dice la leyenda que, estando un día en las afueras
de Corinto, se le acercó Alejandro Magno y ofreció conceder-
le lo que quisiera, a lo que el filósofo respondió simplemente: «Apártate a un lado que me quitas el sol». Esta anécdota
pretende reflejar claramente que el sabio no necesita nada de

los poderosos, que está por encima de las riquezas materiales y de la ambición del poder.

¿Es posible vivir sin dinero?

Heidemarie Schwermer es la autora de *La vida sin dinero*, del que repartió los beneficios entre personas maltratadas, asistentes sociales y diversos colectivos que lo necesitaban; y es que ella no lo precisaba. En su libro dice: «Ahora no tengo nada. Soy una persona sin techo, pero ante todo una persona libre. Mi actividad, que tiene como misión llamar la atención sobre la injusticia, es mi vocación. NO NECESITO VACACIONES. Ése es uno de los errores de nuestra sociedad, que separa ocio y trabajo, porque la mayoría hace algo que no le gusta sólo por ganar dinero y gastarlo en cosas que no necesita.»

La historia de Heidemarie Schwermer empieza con la creación de una sociedad de trueque en Dormund, donde se intercambiaban tareas en lugar de dinero: si tú sabes cocinar y me haces la comida, yo te arreglo el coche... Esta sociedad de trueque, llamada Toma y Da, se inició en 1994. Después, en 1996, Heidemarie decidió dar un paso más a este experimento vital y decidió vivir un año sin dinero. Regaló sus pertenencias y su dinero y empezó a vivir de acuerdo con el intercambio de tareas.

En una entrevista en *La Vanguardia*, en abril del 2002, explicaba que no había tocado el dinero en seis años. La comida la consigue en un restaurante biológico, en el que cocina, limpia... Pero antes de iniciar el proyecto del trueque,

Heidemarie Schwermer había sido profesora. «Yo me hice profesora porque quería mejorar el mundo. Pero no avanzaba: el sistema educativo está concebido para alimentar el intelecto de los niños, pero no el corazón. [...] A los niños se les orienta para ser competitivos en algo, y así conseguir un trabajo y que ganen dinero y más dinero. ¿Eso es todo, señores? ¿Y qué pasa con sus vidas? ¿Lo ve? ¡Todo está enfocado a tener y no a ser!»

Después, dejó la pedagogía y se dedicó a la psicología. Pensó que como terapeuta podría ayudar: «Me especialicé en terapia gestáltica y ganaba mucho dinero en mi consulta. Tuve quince coches sucesivos, una casa llena de cosas... Y tampoco me pareció que así el mundo mejorase mucho...». Y dejó la psicología. De hecho, lo dejó todo.

En esta entrevista explica cómo empezó a idear la opción de vivir sin dinero, a través del trueque. «Empecé a plantearme si realmente necesitamos tantas cosas, y comprar y comprar. Y me convencí de que no, de que son posibles formas de vida que no pasen por el dinero.» Porque, según Heidemarie, aunque el dinero fue un gran invento, dejó de serlo en el momento en que pasó de ser útil para el intercambio y se convirtió en la meta y en una posesión que da valor a las personas. Aunque al principio su propuesta de vida fue dura, creó una red de trueque y ahora afirma que tiene todo lo que necesita.

Cuando la gente le dice que ellos no pueden seguir su ejemplo o le preguntan si lo que quiere es crear escuela o algún tipo de movimiento social, Heidemarie Schwermer responde que su actividad tiene «como misión llamar la atención sobre la injusticia, es mi vocación. No necesito vacaciones.

Ése es uno de los errores de nuestra sociedad, que separa ocio y trabajo, porque la mayoría hace algo que no le gusta sólo por ganar dinero y gastarlo en cosas que no necesita». Sobre la tendencia de nuestra sociedad a acumular, Heidemarie dice que «muchas de las cosas que tenemos son inútiles. Trabajamos para tener. Todo lo que me llega a mí y no lo necesito, lo regalo a otros. No me gusta tener demasiadas cosas. Yo quería hacer mi experimento durante un año, lo que pasa es que he notado que el dinero es malo porque nunca es bastante. Uno siempre quiere tener más. Los millonarios también. Y, sin embargo, yo ahora sé que cuando tengo hambre como y estoy satisfecha. No quiero más. Es una diferencia muy grande. La calidad de mi vida es mayor desde que no tengo dinero. Ésta fue mi voluntad y la llevé adelante porque creía en ello. Nunca me he sentido pobre. Yo creo que cada persona puede evolucionar. El ser humano no es malo».

Confiesa que no busca seguidores, sino que quiere invitar a reflexionar a la gente: «Éste es mi camino, pero no es un camino de masas. Para muchos en esta sociedad uno vale lo que gana. Yo creo que todos los trabajos son igualmente dignos. Es posible no tener nada y valer mucho. Ése es mi mensaje».

SIMPLIFICAR NUESTRA VIDA

Vivimos en una sociedad donde lo que interesa es tener un coche cada vez más grande, una casa más amplia y un móvil más avanzado. Ante esta espiral de consumo que muy a menudo impide disfrutar realmente de la vida, Elaine St. James ofrece una manera diferente de enfrentarse a la vida con su libro *Simplifica tu vida*, donde comparte todo aquello que le fue útil para hacer más simple su existencia.

Los cien consejos que comparte (desde liberarse de los trastos o trasladarse a una casa más pequeña hasta poner fin al trabajo improductivo o cambiar las expectativas vitales) son fruto de sus experiencias y están diseñados para poner en práctica.

En palabras de Elaine St. James, su marido y ella «finalmente habíamos comprendido que no íbamos a ser capaces de llevar a cabo todo lo que nos habíamos propuesto, de modo que nos sentamos e hicimos recuento de lo que podíamos hacer y lo que es más importante, de aquello que realmente queríamos hacer. Comenzamos mediante la simplificación, a organizar nuestras vidas de manera que pudiéramos dedicar el tiempo y la energía suficiente a aquellas cosas que más nos importaban y desprendernos del resto».

Elaine St. James explica que para simplificar tu vida se puede iniciar el proceso evaluando cuáles de tus posesiones son realmente necesarias, qué hábitos son una pérdida de energía... No hay que privarse de las cosas que uno desea, pero sí despojarse de todo aquello que sea un lastre para vivir plenamente.

Según un sondeo realizado por Time/CNN, cerca del 65 % de la población pasa la mayor parte de su tiempo libre haciendo cosas que preferiría no hacer. «¿Por qué?», se pregunta Elaine St. James. Según ella, hay dos razones por las cuáles nos comportamos de esta manera. La primera es que la mayoría de nosotros no sabemos qué es lo que queremos hacer: «Cuando recuerdo mi agotador modo de vida, debo admitir que una de las razones por las que permitía que mi vida siguiera siendo tan complicada era porque no había bajado el ritmo durante los últimos años para ser capaz de descubrir qué quería hacer, no sólo con mi trabajo, sino también en relación a un montón de elecciones personales. Si te pasas muchos años sin saber qué quieres hacer, parece más fácil seguir haciendo lo que no queremos hacer en lugar de pararse a pensar en ello».

La segunda razón por la que a menudo no hacemos lo que queremos es porque nos parece demasiado difícil: «Una de las cosas que te permitirá la simplificación de tu vida es liberar parte de tu tiempo para poder descubrir lo que realmente te interesa y te importa y entonces te permitirá organizar tu tiempo para poder llevarlo a cabo».

En una entrevista realizada por Susan Beck acerca de la posibilidad de aplicar su filosofía de «simplificar la vida» a las nuevas tecnologías, Elaine St. James señaló: «Muchas nuevas tecnologías pueden simplificar nuestras vidas, pero hay que aprender a usarlas de forma efectiva. [...] Es más fácil simplificar cuando uno conoce cuáles son sus prioridades. Debes reconocer que no puedes hacerlo todo. En lugar de intentar hacerlo todo o conocerlo todo, es mejor focalizar tu atención en las cosas que sustentan esas prioridades y soltar el resto de cosas».

MENÚ PARA EL DESEO
OBJETIVO DE LA SEMANA

1. Como Elaine St. James, haz una lista con todas aquellas cosas que te cuesta —dinero, tiempo o energías— mantener y piensa de cuáles podrías prescindir.
2. Elabora un plan ordenado para ir reduciendo esas necesidad para simplificar tu vida. Proponte tachar un elemento de la lista cada semana.

23

Pesimismo

Esteban vive derrotado por la crisis económica y la falta de pers-
pectivas. Desde que se pegó un batacazo con una tienda de
fundas para móviles que acabó cerrando, se ha limitado a con-
templar cómo todo se desmorona a su alrededor. Mientras va
consumiendo sus escasos ahorros, ha renunciado a intentar
cualquier otro negocio. Tampoco está buscando un empleo acti-
vamente, ya que está convencido de que su perfil no interesará
a nadie y cualquier entrevista de trabajo será en vano, ya que
siempre habrá un candidato mejor que él.

Sin darse cuenta, Esteban se está doctorando en el arte de la
pasividad y la amargura.

El optimista... ¿nace o se hace?

En su ensayo *La psicología del optimismo* Susan C. Vaughan
explica en su introducción que su libro «trata de los mons-
truos que albergamos en cada uno de nosotros, el conjunto
de sentimientos internos que todos debemos aprender a controlar. [...] Es nuestra habilidad para controlar los sentimien-

tos, sin anularlos, lo que nos predispone hacia una visión optimista de nosotros mismos y del mundo que nos rodea».

Según Vaughan, «tanto el optimismo como el pesimismo son el resultado de nuestro proceso interno de regulación del estado de ánimo».

La definición del *Oxford English Dictionary* presenta el optimismo como la «disposición para esperar lo mejor o ver el lado positivo de las cosas; una tendencia general a valorar favorablemente toda circunstancia o posibilidad». Susan C. Vaughan hace referencia a esta definición porque, según ella, implica que el optimismo es un aspecto estable del carácter. Sin embargo, Vaughan no cree que el optimismo sea algo únicamente biológico o un rasgo de la personalidad. Considera que «el optimismo es el fruto de un proceso interno de construcción de ilusiones». No es un carácter inamovible, de la misma manera que no lo es el pesimismo. Por eso mismo se pueden cambiar.

LAS LEYES DE LA INFELICIDAD

Gil Friedman anuncia en la introducción a su libro *Cómo llegar a ser totalmente infeliz y desdichado*: «No ha sido nada fácil, pero finalmente lo conseguí. Aunque el esfuerzo fue grande, lo logré. ¡He hallado la infelicidad!». De forma sencilla, muestra las reglas que una persona debe seguir **para conseguir la infelicidad:**

1. Céntrate totalmente en la parte de tu vida que no te satisface.

2. Mantén las aguas de tu vida permanentemente turbias mediante la actividad constante. Si llenas tu vida de actividades, no tendrás tiempo para reflexionar y estarás tan ocupado que, en el momento en que aparezca una actividad que realmente desearías realizar, no podrás hacerlo porque no tendrás tiempo.
3. Mantente en un constante estado de tensión y de excitación.
4. Mantén en tu vida la mínima regularidad y el mínimo ritmo posible.
5. Compárate siempre con los demás.
6. Consume todo lo que puedas y produce lo mínimo posible.
7. Ten muchas deudas, cuantas más, mejor.
8. Desea muchas cosas. Nunca te sientas satisfecho con lo que tienes.
9. Céntrate en el fin, no en los medios, porque de esa manera harás lo que sea por conseguirlo.

Otras reglas que se podrían aplicar a esta persecución de la infelicidad son:

- Permanece en un estado de indecisión acerca de cuantas más cosas mejor.
- Déjalo todo para mañana.
- Haz el mínimo ejercicio físico posible y si, por algún motivo, decides realizar alguno, escoge el que más te desagrade.
- Recuerda siempre lo solo que estás.
- Siente que estás totalmente separado de los demás.

- Date cuenta de que no puedes hacer nada para ser feliz o infeliz.
- Todo depende de circunstancias que están totalmente fuera de tu alcance y de tu control.

UN MANUAL PARA AMARGADOS

Otro autor que ha decidido adentrarse en el mundo de buscar la infelicidad —una manera de enseñarnos lo que no debemos hacer— es Paul Watzlawick, autor del libro *El arte de amargarse la vida*. Este libro permite observar determinadas situaciones y experiencias que sirven para reflexionar sobre los procedimientos por los que una persona va construyéndose una vida desdichada.

Watzlawick, recurriendo a la ironía, nos enfrenta con los modos en que, voluntariamente, podríamos crear y consolidar nuestra infelicidad. Naturalmente, el propósito es que el lector se percate del error y reaccione de manera contraria a la que proponen esos consejos.

Este autor empieza el libro citando a Dostoievski:

«¿Qué puede esperarse de un hombre? Cólmelo usted de todos los bienes de la tierra, sumérjalo en la felicidad hasta el cuello, hasta encima de su cabeza, de forma que a la superficie de su dicha, como en el nivel del agua, suban las burbujas, dele unos ingresos para que no tenga más que dormir, ingerir pasteles y mirar por la permanencia de la especie humana; a pesar de todo, este mismo hombre de puro desagradecido, por simple descaro, le jugará a usted en el acto una mala pasada. A lo mejor comprometerá los mismos pas-

teles y llegará a desear que le sobrevenga el mal más dispara-
tado, la estupidez más antieconómica, sólo para poner a esta
situación totalmente razonable su propio elemento fantástico
de mal agüero. Justamente, sus ideas fantásticas, su estupidez
trivial, es lo que querrá conservar...»

Estas palabras proceden de la pluma de un hombre que
Friedrich Nietzsche consideraba el más grande de los psicólogos de todos los tiempos: Fiodor Mijailovich Dostoievski.
En realidad sólo dicen, bien que en un tono más elocuente, lo
que la sabiduría popular sabe desde siempre: no hay nada
más difícil de soportar que una serie de días buenos.

La literatura universal ya debería habernos inspirado desconfianza. Desgracias, tragedias, catástrofes, crímenes, peca-
dos, delirios, peligros, éstos son los temas de las grandes crea-
ciones. El Infierno de Dante es incomparablemente más genial
que su Paraíso; lo mismo puede decirse del Paraíso perdido de
Milton, a su lado, el Paraíso reconquistado es francamente
soso; la caída de Jedermann (Hofmannsthal) arrastra, en cambio, los angelitos que al fin le salvan, causan un efecto ridículo;
la primera parte de *Fausto* conmueve hasta las lágrimas, la
segunda hasta el bostezo. No nos hagamos ilusiones: ¿qué
seríamos o dónde estaríamos sin nuestro infortunio? Lo necesitamos a rabiar, en el sentido más propio de esta palabra.

Con ironía y ejemplos muy ilustrativos, Watzlawick expone algunos consejos para amargarse la vida:

- Piensa que siempre tienes la razón: Todo es blanco o
  negro, y sólo existe una verdad absoluta: la tuya. Rechaza de entrada lo que digan los demás, incluso cuando pueda aportarte algo positivo y sea en tu propio interés. Si quieres llegar a ser un genio, rechaza incluso lo

que a ti mismo te parece la mejor opción, es decir, rechaza hasta tus propias recomendaciones. Piensa que si la idea o propuesta no es 100 % tuya, deséchala, seguro que no merece la pena.

- Vive obsesionado: Elige un acontecimiento suficientemente negativo de tu memoria, conviértelo en recuerdo imborrable y tráelo a tu mente una y otra vez, hasta que sólo vivas para pensar en ello. Así, las dificultades cotidianas no absorberán tu atención.

- Aférrate al pasado, porque de esa manera no te ocuparás del presente.

- No intentes cambiar de estrategia para solucionar un problema.

- Créate problemas, y si no tienes bastante con los tuyos asume como propios los de los demás. Llena tu vida de complicaciones, reales o ficticias, y concede gran importancia a todos los sucesos negativos.

- Imagina todos los peligros imaginables que puedas encontrar a lo largo de tu día. Seguro que eso te ayuda a vivir angustiado y asustado perennemente.

- El presente no merece la pena, piensa siempre en el futuro. Aplaza el disfrute de los placeres de este o aquel momento, porque no puedes saber lo que te deparará el futuro. No te centres en disfrutar del camino. Piensa siempre en la meta que deberías conseguir. Si puede ser, que sea una meta que provoque admiración.

- Jamás te perdones. Llegarás a un punto en el que tan sólo sentirás autocompasión. Piensa que tú eres el único responsable de lo que te ocurre, y nunca creas que hay situaciones que escapan a tu control.

Watzlawick también expone algunas recomendaciones para ser desdichado en nuestras relaciones con los demás. Un ejemplo de algunos de sus consejos es el siguiente: pregunte a alguien «"¿Por qué estás enfadado conmigo?" cuando el interpelado no tiene la menor idea de estar enfadado con el preguntador ni con nadie. Pero la pregunta supone que el preguntador está mejor informado que el preguntado sobre lo que este último trama en su cabeza y que la respuesta "pero si no estoy enfadado contigo" es simplemente mentira. Esta técnica también se conoce con los nombres de "leer los pensamientos" o "clarividencia" y es tan eficaz porque permite discutir sobre el humor que tiene uno y sus efectos hasta el día del juicio final». Otro de los consejos sigue la misma dinámica, aunque en este caso se trata de hacer reproches al otro sin que el otro pueda comprender el origen de tal reproche.

En relación a las relaciones de pareja, el título de uno de los capítulos define a la perfección el consejo: «Si alguien me quiere, no está en su cabal juicio». Parafraseando a Groucho Marx, recuerda la frase que éste dijo: «Ni por asomo se me ocurriría hacerme socio de un club que estuviese dispuesto a aceptarme como tal».

MENÚ PARA EL PESIMISMO
OBJETIVO DE LA SEMANA

1. Repasa la lista de Friedman y la de Watzlawick para buscar qué leyes de la infelicidad estás cumpliendo.
2. Decide eliminar al menos una de estas disfunciones cada semana, empezando ahora mismo, sin más demora.
3. Compra en una librería las memorias de algún optimista empedernido para descubrir qué hacía él o ella que tú no hagas.

24

Apego

Lara es conocida en su círculo por el mimo que pone en cuidar todo lo que tiene, desde su familia a sus amistades, pasando por posesiones como su piso de compra o el automóvil impecable que sigue conduciendo veinte años después.

Una mañana, Lara amanece con la desagradable sorpresa de que su coche ha sufrido una fuerte rayadura por culpa de algún desalmado que ha rozado su coche sin dejar una sola nota para reparar el daño.

Profundamente disgustada, la jornada le reserva dos disgustos más. En el trabajo le comunican que, debido a la crisis, su sueldo se verá reducido en adelante un 20 %. De vuelta a casa, en el contestador telefónico encuentra la noticia de que su tío favorito está agonizando en el hospital.

Lara se pregunta si es víctima de un mal de ojo por parte de alguien que quiere robarle la paz.

¿En qué consiste el apego?

Según el psiquiatra y psicoanalista John Bowlby, fundador de la teoría del apego, existe una necesidad humana universal para formar vínculos afectivos estrechos. En su obra *La separación afectiva* señala:

> Siempre que un niño pequeño que ha tenido oportunidad de desarrollar un vínculo de afecto hacia una figura materna se ve separado de ella contra su voluntad, da muestras de zozobra; y si, por añadidura, se lo coloca en un ambiente extraño y se lo pone al cuidado de una serie de figuras extrañas, esa sensación de zozobra suele tornarse intensa. El modo en que el chiquillo se comporta sigue una secuencia característica. Al principio protesta vigorosamente y trata de recuperar a la madre por todos los medios posibles. Luego parece desesperar de la posibilidad de recuperarla pero, no obstante, sigue preocupado y vigila su posible retorno. Posteriormente parece perder el interés por la madre y nace en él un desapego emocional. Sin embargo, siempre que el período de separación no sea demasiado dilatado, ese desapego no se prolonga indefinidamente. Más tarde o más temprano, el reencuentro con la madre causa el resurgimiento del apego.

Una síntesis de la teoría del apego de Bowlby podría ser la siguiente. El ser humano desarrolla desde muy pequeño una vinculación intensa, en general con la madre, que se mantiene constante. La separación de dicha persona pone en marcha una reacción que se inicia con la protesta, la desesperanza y que, finalmente, si la separación es suficientemente larga, desencadena el desapego.

Lo que nos interesa aquí es que, según Bowlby, las conductas de apego se mantienen a lo largo de toda la vida, cobrando una mayor relevancia cuando se produce una pérdida traumática.

LA VÍA DIRECTA AL DOLOR

En el libro *La conciencia sin fronteras* de Ken Wilber, que ya hemos mencionado, encontramos una lúcida reflexión sobre el apego. Según Wilber, que ha estudiado las teorías orientales sobre el apego:

> Éste vincula íntimamente al deseo y significa que el resultado del no cumplimiento del deseo será el dolor. Por consiguiente, el apego desempeña un importante papel en la causa del sufrimiento, y para la cesación de éste es fundamental la renuncia al apego.
>
> El apego no se limita a los objetos o personas externos. Además de las formas familiares de apego a las posesiones materiales, a determinadas relaciones y al *statu quo* dominante, puede haber apegos igualmente intensos a una determinada imagen de sí mismo, un modelo de comportamiento o un proceso psicológico. Entre los apegos más fuertes que observan las disciplinas de la conciencia están los que nos ligan al sufrimiento y a la sensación de indignidad. En la medida en que creamos que nuestra identidad se deriva de nuestros roles, de nuestros problemas, de nuestras relaciones o del contenido de la conciencia, el apego resultará reforzado por la zozobra de la supervivencia personal. «Si renuncio a mis apegos, ¿quién seré y qué seré?».

Bernardo Stamateas, autor del libro *Emociones tóxicas* que hemos visitado en anteriores capítulos, apunta como una de dichas emociones el «apego tóxico». ¿Por qué puede ser tóxico el apego emocional? «El apego emocional es tóxico para tu identidad y potencial. La persona apegada piensa que debe ocuparse de que a los otros no les pase nada, sin tener en cuenta que corre el riesgo de descuidar aún más sus propias necesidades y su vida misma. La persona apegada es codependiente y suele convertirse en adicta a la gente. Entrega el control de sus emociones y sus decisiones. [...] La codependencia es tóxica y contraria a la naturaleza de libertad e individualidad con la que venimos al mundo, por eso siempre nos causará dolor.»

EL APEGO A LAS COSAS

Nuestros problemas se deben a un apego apasionado a las cosas y a un deseo que nunca se satisfacen por completo, entonces generan aún más angustia. Percibimos las cosas como entidades permanentes. En el empeño de conseguir estos objetos de nuestro deseo, empleamos la agresión y la competencia como herramientas supuestamente eficaces, y nos destruimos cada vez más en el proceso.

DALAI LAMA

Cómo enseña el budismo a escapar del apego

Buda no dejó ninguna obra escrita. Sus enseñanzas se transmitieron oralmente hasta su transcripción, cuatro siglos después, en el Canon Pali. Entre estos escritos encontramos un fragmento revelador sobre una corriente de río que lo arrastra todo:

> En Savatthi. Monjes, imaginad un río montañoso cuya rápida corriente fluye y barre hacia abajo. Si en una de las orillas del río creciera la hierba kusa, la misma podría sobresalir de él; si los juncos, las cañas o los árboles crecieran allí, también podrían sobresalir de él. Pero si un hombre llevado por la corriente se agarrase de la hierba kusa, la misma se quebraría y él se encontraría con la calamidad y el desastre. Si él se agarrase de los juncos, de las cañas o de los árboles, los mismos se quebrarían y él se encontraría con la calamidad y el desastre.

Esta metáfora sobre el río simboliza el poder que tienen los cinco cúmulos del apego para arrastrar y arrasar. El junco podría sobrevivir mientras el río fluye, pero si el hombre se aferra al junco, éste se rompe y el río se lleva al hombre y al junco. Los cinco agregados de los que hablamos son las cinco partes de las que se compone el ser humano, según Buda.

El primero, *rūpa*, corresponde al cuerpo y los otros cuatro a la mente (*citta*, que en el Budismo significa mente-corazón, la gran mente): las sensaciones (*vedanā*), la percepción (*saññā*), las formaciones mentales (*sankhāra*) y la consciencia sensorial (*viññāna*). Estos cinco agregados son las cinco fuentes básicas del apego según el budismo.

La fugacidad del placer

Robert Thurman, doctor en budismo, escribió un ensayo en el año 2000 titulado *La revolución interior, una propuesta para el tercer milenio*, en el que expone algunas píldoras de sabiduría budista entre las que podemos encontrar referencias al apego y a cómo poder superarlo.

> Estoy identificado por «mi» nombre, «mi» genero, «mi» raza, «mi» estatus biológico y demás elementos estables de mi propia identidad. Por otro lado, estoy dirigido por este «yo» hacia determinado estado de existencia, así como hacia determinadas acciones y experiencias. Lo que intento averiguar es si existo realmente del modo en el que creo que existo. Antes de empezar a preocuparme por saber adónde voy y cómo voy, quiero descubrir quién me conduce o a quién conduzco.

Siguiendo esta línea de reflexión, el mismo autor expone, en la misma obra, la siguiente reflexión sobre el placer y el consumo:

> El placer es tan fugaz como el deseo original de consumir, y no hace más que empujarnos a seguir buscando. La clave para salir de este ciclo diabólico está en descubrir la fuente del descontento y comprender que jamás podrá ser satisfecha. Una vez que dejamos de trabajar para un amo que nunca quedará satisfecho, podremos elegir disfrutar de algo sin sufrir por su pérdida, sin el deseo apremiante de tener más, en otras palabras, sin adicción. Sólo entonces podremos conocer el verdadero disfrute. Este es la versión interior de la revolución tranquila.

LAS CUATRO NOBLES VERDADES

Pero volvamos a Buda y a sus enseñanzas acerca del apego como causa de sufrimiento en la vida humana. En el sermón de Benarés, Buda expuso las Cuatro Nobles Verdades y el Óctuple Noble Sendero. Aquí sólo vamos a contemplar las primeras:

1. La primera Noble Verdad es *dukkha*: la naturaleza de la vida es sufrimiento. «Ésta, oh monjes, es la Noble Verdad del Sufrimiento. El nacimiento es sufrimiento, la vejez es sufrimiento, la enfermedad es sufrimiento, la muerte es sufrimiento, asociarse con lo indeseable es sufrimiento, separarse de lo deseable es sufrimiento, no obtener lo que se desea es sufrimiento.»

2. La segunda Noble Verdad es el origen del *dukkha*, el deseo o «sed de vivir» acompañado de todas las pasiones y apegos, es decir el *trsna* (anhelo, deseo, sed). «Ésta, oh monjes, es la Noble Verdad del Origen del Sufrimiento. Es el deseo que produce nuevos renacimientos, que acompañado con placer y pasión encuentra siempre nuevo deleite, ahora aquí, ahora allí. Es decir, el deseo por los placeres sensuales, el deseo por la existencia y el deseo por la no existencia.»

   Apego es la traducción más corriente de la palabra *trsna*, que significa literalmente sed y también puede ser traducida como deseo, codicia, anhelo o lujuria. Dado que nosotros y el mundo somos imperfectos e inestables, y no podemos separarnos de él, estamos enganchados a nosotros mismos y al entorno, un intento de permanecer infructuoso.

3. La tercera Noble Verdad es la cesación del *dukkha*, alcanzar el Nirvana, la Verdad absoluta, la Realidad última. «Ésta, oh monjes, es la Noble Verdad de la Cesación del Sufrimiento. Es la total extinción y cesación de ese mismo deseo, su abandono, su descarte, liberarse del mismo, su no dependencia.»

Es decir, el dolor puede cesar. El sufrimiento se extingue con el abandono del ansia de placeres sensuales, de llegar a ser y de aniquilación, y con la ausencia de pasión, el no albergar ya más.

4. La cuarta Noble Verdad es el Sendero que conduce al cese del sufrimiento.

La visión de Krishnamurti

Terminaremos nuestra dieta de 24 semanas con el filósofo indio Krishnamurti, que habla del apego y del desapego en varias de sus obras. Al preguntarse por la razón del apego, llega a conclusiones tan brillantes como ésta:

> ¿Por qué estáis apegados? ¿Y qué sucedería si no lo estuviérais? Si no estuviérais apegados a vuestro propio nombre, a vuestros bienes, a vuestra posición —ya lo sabéis, a todo ese cúmulo de cosas que forman vuestro «yo»; vuestros muebles, vuestro coche, vuestras características e idiosincrasia, vuestras virtudes, creencias e ideas—, ¿qué ocurriría? Si no estuviérais apegados a esas cosas, hallaríais que sois como la nada, ¿no es así? [...] De modo que el temor a ese vacío, el temor a no ser nada, hace que os apeguéis a algo: vuestra familia, vuestro esposo o esposa, una silla, un automóvil, vuestro país;

no importa lo que sea. El temor a no ser nada hace que uno se adhiera a algo; y el proceso de aferrarse implica conflicto, dolor. Porque aquello a que os aferráis no tarda en desintegrarse, en morir. [...] Así pues, en el proceso de retener hay dolor. [...] El miedo a la soledad, el miedo a no ser nada, el miedo al vacío, nos hace apegarnos a algo. [...] En el proceso de apego hay dolor; y, para evitar ese dolor, tratamos de cultivar el desapego; y así persistimos en ese círculo que siempre es doloroso, en el que siempre hay lucha.

Espero que el lector haya aprendido y reflexionado tanto como yo mismo, un mero acomodador en este viaje, con los maestros que han visitado estas páginas para enseñarnos a ayunar en las actitudes y hábitos que socavan nuestro bienestar.

Como mencionamos al principio del libro, Miguel Ángel aseguraba que las formas más bellas se encontraban ya dentro de la piedra y que lo único que él hacía era descubrirlas, quitar lo que sobra. Del mismo modo, quien sostiene este libro posee ya todo lo que necesita para ser razonablemente feliz y hacer frente a los inevitables embates de la vida.

Para ello sólo hay que quitar aquello que sobra.

Lo que queda es felicidad.

MENÚ PARA EL APEGO
OBJETIVO DE LA SEMANA

1. Examina tus relaciones con las personas y con las cosas que más quieres. ¿Se basan en el apego? Si la respuesta es afirmativa, proponte relacionarte con ellas desde la provisionalidad (como si el mundo pudiera terminar mañana) sin renunciar al amor.
2. Como trabajo de final de curso, revisa los 24 menús de esta Dieta Espiritual y valora el nivel de «adelgazamiento» que has conseguido en cada una.
3. Sigue bajando los números después de leer este libro. Es bien sabido que una dieta es algo que lleva toda una vida.

Bibliografía

Álava Reyes, María José, *La inutilidad del sufrimiento. Claves para aprender a vivir de manera positiva*, La esfera de los libros, Madrid, 2010.

Aron, Elaine, *El don de la sensibilidad*, Obelisco, Barcelona, 2012.

Bauman, Zigmunt, *El miedo líquido*, Paidós Ibérica, Barcelona, 2010.

Bloch, Robert, *Dulces sueños*, Valdemar, Madrid, 2009.

Bourke, Joanna, *Fear: a cultural history*, Shoemaker and Hoard, California, 2005.

Branden, Nathaniel, *El poder de la autoestima*, Paidós Ibérica, Barcelona, 2005.

—, *Los seis pilares de la autoestima*, Paidós Ibérica, Barcelona, 2007.

—, *Cómo mejorar su autoestima*, Paidós Ibérica, Barcelona, 2011.

Buzzati, Dino, *El desierto de los tártaros*, Gadir, Madrid, 2008.

Calle, Ramiro A., *El arte de la paciencia*, Martínez Roca, Madrid, 2009.

Carlson, Richard, *No te ahogues en un vaso de agua*, Punto de lectura, Madrid, 2005.

—, *Tú sí puedes ser feliz pase lo que pase*, Arkano Books, Móstoles, 2008.

Carnegie, Dale, *Cómo ganar amigos e influir sobre las personas*, Elipse, Barcelona 2009.

—, *Cómo hablar bien en público e influir en los hombres de negocios*, Elipse, Barcelona, 2008.

—, *Cómo suprimir las preocupaciones y disfrutar de la vida*, Elipse, Barcelona, 2008.

Castanyer, Olga, *La asertividad, expresión de una sana autoestima*, Desclee de Brouwer, Bilbao, 2011.

Castilla, Carlos, *Teoría de los sentimientos*, Tusquets Editores, Barcelona, 2000.

Coetzee, J. M., *Esperando a los bárbaros*, Literatura Mondadori, Barcelona, 2003.

Covey, Stephen R., *Los siete hábitos de la gente altamente efectiva*, Paidós Ibérica, Barcelona, 2010.

Csikszentmihályi, Mihály, *Fluir: una psicología de la felicidad*, Kairós, Barcelona, 2012.

Cyrulnik, Boris, *Los patitos feos*, Gedisa, Barcelona, 2002.

Dyer, Wayne, *Tus zonas erróneas*, Debolsillo, Barcelona, 2004.

Fensterheim, Herbert & Baer, Jean, *No diga sí cuando quiera decir no*, Debolsillo, Barcelona, 2005.

Fisher, Roger, *Obtenga el sí*, Gestión 2000, Barcelona, 2004.

Forés, Anna; Bach, Eva, *La asertividad*, Plataforma, Barcelona, 2012.

Frankl, Viktor, *El hombre en busca de sentido*, Herder, Barcelona, 2010.

Friedman, Gil, *Cómo llegar a ser totalmente infeliz y desdichado*, Sirio, Málaga, 2005.

Gallagher, Winifred, *Atención plena, el poder de la concentración*, Urano, Barcelona, 2010.

Goleman, Daniel, *Inteligencia emocional*, Kairós, Barcelona, 2010.

—, *Inteligencia social*, Kairós, Barcelona, 2012.

Jeffers, Susan, *Aunque tenga miedo, hágalo igual*, Swing, Barcelona, 2007.

Jericó, Pilar, *No-miedo*, Alienta, Barcelona, 2006.

Jung, Carl G., *Tipos psicológicos*, Edhasa, Barcelona, 1994.

Juniper, Andrew, *Wabi-Sabi, el arte de la impermanencia japonés*, Oniro, Barcelona, 2004.

Kabat-Zinn, *La práctica de la atención plena*, Kairós, Barcelona, 2011.

Kellner, Hedwig, *El arte de decir no*, Obelisco, Barcelona, 2009.

Koren, Leonard, *Wabi-Sabi para artistas, diseñadores, poetas y filósofos*, Renart, Barcelona, 1997.

Labrador, F. J.; Cruzado, J. A.; Muñoz, M. (eds.), *Manual de técnicas de modificación y terapia de la conducta*, Pirámide, Madrid, 2009.

Lama, Dalai, *El poder de la paciencia*, Martínez Roca, Madrid, 1998.

Langer, Ellen, *Mindfulness, la atención plena*, Paidós Ibérica, Barcelona, 2007.

Levi Montalcini, Rita, *Elogio de la imperfección*, Tusquets, Barcelona, 2011.

Luskin, Fred, *Perdonar es sanar*, Editorial Norma, Barcelona, 2008.

Marina, José Antonio, *El laberinto sentimental*, Anagrama, Barcelona, 2009.

Marinoff, Lou, *El poder del Tao*, Ediciones B, Barcelona, 2011.

Marks, Isaac, *Miedos, fobias y rituales*, Martínez Roca, Madrid, 1991.

Marshall, Lyn, *Libérate del estrés*, Robin Book, Barcelona, 2004.

Miller, Alice, *El origen del odio*, Ediciones B, Barcelona, 2000.

Miller, Douglas, *Don't worry, elimina la ansiedad de tu vida*, Urano, Barcelona, 2007.

Moix, Jenny, *Felicidad flexible*, Aguilar, Madrid, 2011.

Ovidio, *Metamorfosis*, Alianza, Madrid, 2010.

Porta, Sepp; Zagler, Günter, *Administrar el estrés*, Urano, Madrid, 2005.

Powell, Richard R., *Wabi-Sabi for writers*, Adams Media Corp., Avon, 2006.

Riso, Walter, *Ama y no sufras. Cómo disfrutar plenamente de la vida en pareja*, Planeta, Barcelona 2009.

—, *Amores altamente peligrosos*, Planeta, Barcelona, 2008.

—, *Cuestión de dignidad*, Granica, Barcelona, 2008.

—, *El arte de ser flexible*, Planeta; Barcelona, 2010.

—, *Terapia cognitiva: fundamentos teóricos y conceptualización del caso clínico*, Editorial Paidós, Barcelona, 2008.

Rojas, Enrique, *La conquista de la voluntad*, Temas de Hoy, Madrid, 2010.

Rojas-Marcos, Laura, *El sentimiento de culpa*, Punto de Lectura, Madrid, 2010.

Rosenthal, Robert; Jacobson, Lenore, *Pygmalion in the classroom: Teacher expectation and pupil's intellectual development*, Crown House Publishing Company, Bethel, 2003.

Schwartz, Tony, *Be excellent at anything*, Free Press, Nueva York, 2011.

Schwermer, Heidemarie, *Mi vida sin dinero, formas alternativas de convivencia*, Gedisa, Barcelona, 2002.

Séneca, Lucio Anneo, *Sobre la ira*, RBA, Barcelona, 2003.

Siebert, Al, *La resiliencia. Construir en la adversidad*, Alienta, Barcelona, 2007.

Soler, Jaume; Conangla, M. Mercè, *Ecología emocional*, Amat, Barcelona, 2006.

St. James, Elaine, *Simplifica tu vida*, RBA, Barcelona, 2007.

Stamateas, Bernardo, *Emociones tóxicas*, Ediciones B, Barcelona, 2012.

Thoele, Sue Patton, *El coraje de ser tú misma*, Edaf, Barcelona, 2005.

Thomas, William I., *The child in America: Behavior problems and programs*, A. A. Knopf, Nueva York, 1938.

Thurman, Robert, *La revolución interior, una propuesta para el tercer milenio*, Urano, Barcelona, 2000.

Tich, Nhat, Hanh, *El milagro de mindfulness*, Oniro, Barcelona, 2012.

Tizón, Jorge L., *El poder del miedo*, Milenio, Lleida, 2011.

Tolle, Eckhart, *El poder del ahora*, Gaia, Madrid, 2012.

Vaughan, Susan C., *La psicología del optimismo: El vaso medio lleno o medio vacío*, Paidós Ibérica, Barcelona, 2004.

Watzlawick, Paul, *El arte de amargarse la vida*, Herder, Barcelona, 2011.

Wilber, Ken, *La conciencia sin fronteras*, Kairós, Barcelona, 2012.

—, *One taste*, Shambhala, Boston, 2000.

Wilde, Oscar, *El crimen de Lord Arthur Savile*, Siruela, Madrid, 2008.

Ziglar, Zig, *Pasos hacia la cumbre*, San Pablo, Madrid, 2010.

ESTE LIBRO HA SIDO IMPRESO
EN LOS TALLERES DE
LIMPERGRAF. MOGODA, 29
BARBERÀ DEL VALLÈS (BARCELONA)